Alfred Boretius

Friedrich der Grosse in seinen Schriften

Alfred Boretius

Friedrich der Grosse in seinen Schriften

ISBN/EAN: 9783742891204

Hergestellt in Europa, USA, Kanada, Australien, Japan

Cover: Foto ©ninafisch / pixelio.de

Manufactured and distributed by brebook publishing software (www.brebook.com)

Alfred Boretius

Friedrich der Grosse in seinen Schriften

Friedrich der Große

in seinen Schriften.

Vortrag, gehalten im Rathhaussaale zu Zürich
am 13. Januar 1870

von

Dr. Alfred Boretius,
Professor für deutsches und öffentliches Recht an der Universität Zürich.

Berlin, 1870.
C. G. Lüderitz'sche Verlagsbuchhandlung.
A. Charisius.

Wie es zur Beschämung der Deutschen gesagt werden muß, daß die Gestalt Goethe's nie lichter und sympathischer, nie besser in ihrer ganzen Liebenswürdigkeit dargestellt worden ist, als von einem Engländer, so ist auch, wie mir scheint, in englischer Zunge zuerst der Charakter des anderen großen Deutschen des achtzehnten Jahrhunderts mit so realistischer Wahrheit in seiner ganzen menschlichen Größe geschildert worden wie nie zuvor. Die Geschichte Friedrich's des Großen von Thomas Carlyle wird weder von den Fachhistorikern als ein vollwichtiges Geschichtswerk jemals anerkannt, noch bei dem großen Publikum sonderlich beliebt werden, und die Geringschätzung, mit welcher Carlyle die gesammte Geschichtschreibung über Friedrich den Großen ausnahmlos als Drwasdust (Trockenstaub) behandelt, die Verachtung, welche er so gern und kräftig gegen die öffentliche Meinung, den Parlamentarismus und Liberalismus unserer Zeit herauskehrt, wird ihm von den so Angegriffenen durch Nichtbeachtung vergolten werden. Dennoch aber wird einem nicht unbeträchtlichen weder auf die Art der Geschichtsprofessoren unbedingt schwörenden noch im Gefolge der öffentlichen Meinung getreulich einhergehenden Leserkreise das Werk Carlyle's so reiche Anregung, Belehrung und selbst Erbauung gewähren, wie irgend eines der neueren geschichtlichen Literatur.[1]) Wie Carlyle überhaupt ein Meister ist der dramatischen Geschichtschreibung, wie in seinen Werken die geschichtlichen Gestalten nicht wie abstracte Schattenbilder uns entgegen treten, sondern wie sie leibten und lebten, wie sie dachten und handelten, in ihrem Kostüm selbst und in der ganzen Staffage ihrer Zeit, so hat er namentlich die Gestalt Friedrich's als eine Realität durch und durch zur Anschauung gebracht. Keine rosarothe Schönfärberei beeinträchtigt, wie sonst wohl in den bedenklichen Vaterlandskunden oder den Büchern der Hofhistoriographen, die geschichtliche Wahrheit. In ihrer ganzen menschlichen, und daher in sehr bestimmten Grenzen sich bewegenden Größe erscheint uns die Gestalt des Königs. Friedrich's Größe tritt, kurz gesagt, bei Carlyle namentlich darin hervor, daß er ein Mensch ist, welcher stets denkt was er spricht, ein Mensch der nichts, aber auch garnichts vom Schwindler oder Scheinmenschen an sich hat (und nach Carlyle ist ein solcher Mensch heutzutage ein äußerst seltenes Phänomen), ein Mensch, der die Thatsachen zu ergründen beständig bestrebt und die Phrasen durchaus abzuthun entschlossen ist, ein Mensch, der die erkannten Thatsachen unbedingt, mögen sie ihm gefallen oder nicht, auch anerkennt, ein Mensch endlich durchaus der That, der That des Friedens, namentlich aber des Krieges.

Ich erkläre es mir aus Carlyle's Begeisterung für den König als Mann der That, daß er den König als Mann des geschriebenen Wortes nicht gelten lassen, seine schriftstellerischen Leistungen in keiner Weise anerkennen will. „Rühre die Schriften des Königs nicht an, lieber Leser, lies sie bei Leibe nicht", so apostrophiert Carlyle wiederholt in seiner Weise den Leser, und läßt demgemäß die Schriften Friedrich's auch fast ganz unberücksichtigt. Jene Warnungen haben aber doch nur eine sehr einseitige Berechtigung. Ohne Rücksicht auf den Autor betrachtet, sind freilich die Schriften Friedrich's heute keine Fundgruben der Weisheit und Aufklärung. Es ist gewiß richtig: die meisten

Arbeiten des Königs würden heute durchaus keine Aufmerksamkeit verdienen, hätte sie irgend ein beliebiger Professor des vorigen Jahrhunderts geschrieben; viele seiner Gedichte wären reine Maculatur, wüßte man, daß sie von irgend einem gleichzeitigen Dichterling herrühren. Aber alle jene Schriften gewinnen ein ganz anderes Interesse, wenn man daran denkt, daß der Verfasser einen Krieg wie den siebenjährigen geführt und eine europäische Großmacht nicht nur geschaffen, sondern auch mit Lebenskraft erfüllt hat. Es wird doch immer wahr bleiben, daß, wenn auch zwei dasselbe thun, es gleichwohl nicht dasselbe ist. Jene Werke Friedrich's, sie haben ihren Hauptwerth darin, daß in ihnen und durch sie Friedrich sich sittlich durchgearbeitet hat, daß er durch sie sich über die Grundsätze klar geworden ist, die ihn als Menschen geleitet, als Regenten erfüllt haben. Friedrich schrieb vor Allem, wie er in einem Briefe an den Marquis d'Argens sagt, pour se corriger soi-même; und seine Schriften sind insofern allerdings zunächst wichtig für Friedrich selbst, für uns größtentheils nicht so sehr um ihres Inhaltes wegen, als weil sie uns das Werden und Sein eines Menschen und Regenten wie Friedrich blos legen.

Schon rein äußerlich betrachtet, ist der Umfang der schriftstellerischen Leistungen des Königs ein staunenswerther. Eine Gesammtausgabe seiner Werke hat auf Anregung Friedrich Wilhelm's IV. und unter Leitung der Berliner Akademie der wackere Preuß besorgt. Werden gelehrtere und schärfer blickende Forscher als Preuß einer war auch oft im Stande sein, jene Ausgabe in Einzelheiten zu berichtigen, zu vervollständigen und Unechtes auszuscheiden, so wird das Werk im Ganzen doch immer dankbare Anerkennung verdienen und wenn auch nicht überall für die Darstellung der Zeitereignisse, so doch für die Würdigung der Thätigkeit und des Charakters Friedrich's als vollständig gelten dürfen. Nichts, was der Herausgeber überhaupt erreichen konnte, ist, wenn überhaupt von Interesse, unterdrückt, nichts verstümmelt: mit allen häufig genug vorkommenden Plattheiten, Leichtfertigkeiten und Frivolitäten liegt die schriftstellerische Thätigkeit des Königs vor uns und seine Schwächen sind mit Nichten vertuscht. Diese Gesammtausgabe besteht aus 30 zum Theil außerordentlich starken Bänden, Hochfolio's in der prachtvolleren, größten Oktavs in der für den buchhändlerischen Betrieb bestimmten Form. Rein äußerlich betrachtet und auch wenn man die Friedrich nicht angehörigen Stücke in Abzug bringt, möchte der Inhalt nahezu doppelt so stark sein als derjenige der Werke Goethe's in der Ausgabe von 40 Bänden. Von diesem Inhalt ist nur etwa ⅓ der Briefe (vielleicht 1/15 des Ganzen) nach den genauen und bis auf die einzelnen Wendungen sich erstreckenden Angaben des Königs von Cabinetssecretären geschrieben und von Friedrich nur unterschrieben oder mit eigenhändigen Zusätzen und Nachschriften versehen: alle übrigen Theile sind vom König selbst vollständig geschrieben, Vieles, wie namentlich eine Menge von Briefen und Gedichten, zwei und drei mal umgearbeitet und umgeschrieben. Die meisten Stücke sind noch heute in der kleinen, zierlichen, etwas kritzlichen Handschrift und der bekanntlich (auch in französischer Sprache) sehr mangelhaften Orthographie des Königs vorhanden. Zu diesen Erzeugnissen treten noch hinzu eine Unmasse von musikalischen Compositionen: im s. g. Neuen Palais bei Potsdam wurde 1835 eine Menge vom König herrührender Singspiele und nicht weniger als 125 Flötensolos, Violin- und Celloconcerte u. dgl. aufgefunden. Selbst in dem schreibseligen 18. Jahrhundert gehört ein Schriftsteller von dieser Fruchtbarkeit zu den seltensten Ausnahmen, und an Fleiß kann der König mit den thätigsten schriftstellernden Professoren seiner Zeit wetteifern. Unsere Verwunderung muß aber noch wachsen, wenn wir bedenken, daß die Ausgabe von Preuß nur den größten Theil der Aeußerungen des Privatmannes Friedrich, daß sie aber nicht seine zahllosen alle ihm geistig zugehörigen und von ihm verfaßten Cabinetsordres und seine vielen militärischen Reglements enthält, und daß ferner dieser König 46 Jahre hindurch die denkbar angestrengteste Regententhätigkeit geführt hat, sein Leben ausgefüllt war mit Kriegführen, Soldatenexerzieren, Manöverabhalten, Inspectionsreisen, Berathungen mit seinen Räthen und Audienzertheilungen.

Ja, dieser König war arbeitsam wie kaum je ein Mensch, und er war es mit dem vollen Bewußtsein von dem sittlichen Werth der Arbeit. Müssigsein war ihm gleichbedeutend mit geistigem Tode, und es verdient behalten zu werden, jenes Seitenstück, welches er einmal zu dem Sprichwort „Müssiggang ist aller Laster Anfang" bildet: „Arbeit ist aller Tugenden Mutter". Die schriftstellerische Arbeit war ihm die Erholung und Stärkung zu seinen praktischen Regentenarbeiten. Diese Bedeutung legt er, sich immer in der allerbescheidensten Weise über seine Schriftstellerei äußernd, sehr häufig derselben bei, nirgends vielleicht so unumwunden als in einem Briefe an Voltaire aus dem Jahre 1760: „Ich bin", so schreibt er hier, „ein Dilettant in jeder Beziehung; ich kann wohl über große Männer meine Empfindungen aussprechen (er schickt Voltaire eben seine Abhandlung über die Bedeutung Karl's XII.), ich kann Sie selbst beurtheilen und kann meine Meinung über Virgil aussprechen, aber ich bin nicht dazu gemacht, dies öffentlich zu sagen, weil es mir an der künstlerischen Vollendung fehlt. Meine Werke sind wie Tischgespräche, wo man laut denkt, wo man spricht wie einem eben der Schnabel gewachsen ist und wo man es nicht übel nimmt, wenn man widerlegt wird. Wenn ich irgend einen Augenblick übrig habe, so überfällt mich die Schreibewuth und ich versage mir dies gefällige Vergnügen nicht. Dies erheitert mich, dies zerstreut mich und macht mich in der Folge geeigneter zu der mir obliegenden Arbeit." Die Zeit, welcher diese Worte angehören, war die kritischste, die vielleicht jemals ein Menschengeist durchlebt hat, und in dieser Zeit war neben dem Pflichtgefühl die geistige Arbeit das, was Friedrich allein aufrecht erhielt und ihn befähigte, die martervolle Ewigkeit des siebenjährigen Krieges auszuharren. Hören wir darüber eine Stelle aus einem etwa gleichzeitigen Briefe an den Marquis d'Argens: „Ich studiere oder mache schlechte Verse, um mich von den traurigen und düsteren Bildern des Krieges zu zerstreuen, die endlich einen Demokrit selbst melancholisch und hypochondrisch machen können. Diese Beschäftigung macht mich glücklich so lange sie währt, sie täuscht mich über meine gegenwärtige Lage und gewährt mir das was die Aerzte lichte Zwischenräume nennen. Aber sobald der Reiz schwindet, sinke ich wieder in meine düsteren Träume, und mein Jammer, kaum unterbrochen, übt stärker als zuvor seine Herrschaft über mich." Und diese schriftstellerischen Arbeiten bewegen sich auf allen Gebieten menschlichen Wissens und Denkens. Allem weiß der König Interesse abzugewinnen und kaum war je ein Mensch empfänglicher und vielseitiger angelegt. Von den größten Fragen, welche das Menschengeschlecht je bewegt haben, bis herab zu den kleinsten und flüchtigsten Tagesereignissen hat Alles seinen Geist beschäftigt, seine Feder in Bewegung gesetzt, bald so daß er tiefsinnig speculiert und eingehend untersucht, bald so daß er frivol scherzt und leichtfertig abspricht.

Carlyle, wie bemerkt, beurtheilt alle diese literarischen Bestrebungen sehr geringschätzig und sagt namentlich einmal vom König: „seine Liebe zur Weisheit war nicht tief genug, nicht ehrerbietig genug, und seine Liebe zum Esprit war zu tief". Mir scheint dieses Urtheil Carlyle's unrichtig und ungerecht.

Friedrich's Bestreben, neben den praktischen Pflichten auch den Musen und den Wissenschaften zu leben, macht sich mit ungeheurer Macht namentlich dann immer geltend, wenn nach überstandenen Krisen das äußere Leben sich ruhiger gestaltet. Solche Epochen sind namentlich die Einrichtung in Rheinsberg, das Jahr 1746 und das Jahr 1763, also das Ende des zweiten und dritten schlesischen Krieges. Mit wahrem Heißhunger stürzt sich vorzugsweise in solchen Wendepunkten Friedrich auf seine literarischen Arbeiten. Und er ergreift sie keinesweges in der Weise eines espritvollen und an der Arbeit naschenden Menschen, sondern wir finden den König oft arbeiten mit der Gründlichkeit eines Fachgelehrten, mit dem Fleiß eines Benedictinermönches, wie er sich mehrfach selbst ausdrückt. Es ist mir höchst auffallend gewesen, mit welcher Lebendigkeit der König alle neuen Gedanken und geistigen Erscheinungen, die sich ihm darbieten, erfaßt, wie er sie Jahre lang mit sich herumträgt, und wie die Briefe, Abhandlungen und Gedichte, welche den gleichen Jahren und Monaten angehören, immer auch von den gleichen Gedanken erfüllt, immer die gleichen Probleme zu lösen bemüht sind.

Was das Material angeht, mit welchem Friedrich arbeitet, so ist es allerdings theilweise das eines Dilettanten. Die Dictionäre von Moreri und Bayle müssen oft aushelfen: von letzterer uns heute namentlich durch Lessing bekannten Encyklopädie veranstaltete Friedrich auch eine mit einem Vorwort von ihm versehene auszugsweise Ausgabe für das deutsche Publikum. Aber der König war daneben doch auch sehr eifrig bemüht, sich Specialkenntnisse zu erwerben. Die Schriften des griechischen und römischen Alterthums hat er unaufhörlich in französischen Uebersetzungen gelesen und sehr viel ausgebeutet. Es ist doch ein merkwürdiger König, der im Jahre 1742 kurz vor der Schlacht von Czaslau aus dem Lager an Etienne Jordan schreibt: „Schicken Sie mir einen Boileau, ferner Cicero's Briefe vom dritten Bande an bis zum Schluß; dann fügen Sie die Tusculanen und Philippiken und endlich Cäsar's Commentarien hinzu." Ebenso finde ich, daß er die Geschichte des Alterthums und Orients aus überaus dickleibigen, jetzt wohl völlig verschollenen Werken von Rolin studiert, wie er denn überhaupt die kirchlichen und Profanschriftsteller aus der Zeit Ludwig's des Vierzehnten sehr genau kennt. Seine Briefe aus dem siebenjährigen Kriege zeigen ihn namentlich mit Fleury's Kirchengeschichte fortwährend beschäftigt. Von den französischen Schriftstellern seiner eigenen Zeit liest er Montesquieu und natürlich vor Allem Voltaire, wogegen er sich mit Rousseau und den Encyklopädisten nur widerwillig und daher weniger eingehend beschäftigt, weil er in ihnen die Zerstörer aller sittlichen Grundlagen des Staatslebens erkennt, die Verächter der opferbereiten Tugend, die gedankenlosen Ankläger der christlichen Religion. Von Beccaria's berühmtem Buch macht er nicht lange nach dessen Erscheinen (1767) einen Auszug für die Kaiserin Katharina. Was die Literatur der Deutschen angeht, so hat sich der König mit der Monadenlehre und der prästabilierten Harmonie von Leibnitz wacker abgequält. Mit den Naturrechtslehrern des 17. und 18. Jahrhunderts war er eingehend bekannt; wenig erbaut von Pufendorf, voller Anerkennung gegen den wackern Christian Thomasius, und in jüngeren Jahren wenigstens ein begeisterter Verehrer des „göttlichen" Christian Wolff. Es hat etwas Rührendes, wie Friedrich sich Jahre lang bemüht, Wolff's Metaphysik, sein Naturrecht und seine Moralphilosophie zu verdauen, mit einem ausdauernden Eifer, der wirklich dem fleißigsten Studenten in einem philosophischen Seminar Ehre machen würde. Gegen die deutsche Geschichtschreibung hatte der König die Geringschätzung, welche vor den Zeiten Spittler's, Schlözer's und

Möser's in der That nicht ungerechtfertigt ist. Für die schöne deutsche Literatur vermochte der vielbeschäftigte und gereifte Früchte verlangende König kein Interesse zu einer Zeit zu gewinnen, da jene an der Hand des schulmeisternden Gottsched ihre ersten pedantisch geleiteten Gehversuche machte. In seinen späteren Jahren aber war der König schon zu tief von französischer Bildung durchdrungen, zu sehr von dem Glauben an die poetisch allein selig machenden drei Einheiten der Zeit, des Ortes und der Handlung erfüllt, als daß er an dem durch Wieland eigentlich erst in Deutschland bekannt gewordenen Shakspeare und an Goethe hätte Freude empfinden können. Seine 1781 geschriebene Abhandlung De la littérature allemande bricht daher bekanntlich über die deutsche Literatur sehr entschieden den Stab: sie ist aber darum nicht minder von deutsch-patriotischer Gesinnung erfüllt. Aus ihr spricht dennoch, wie sich der treffliche Justus Möser ausdrückt, ein edles Herz, das nicht spotten, sondern wirklich nützen und bessern will.

Ich meine aber, daß aus der ganzen literarischen Ausrüstung, von der ich leicht einen vollständigeren Katalog hätte geben können, hervorgeht, daß man nicht mit Carlyle sagen kann, es habe dem König an einer hinreichend tiefen Liebe zur Weisheit gefehlt. Dagegen ist allerdings zuzugeben, daß gar manche von Friedrich's, meistens ja nur spärsamen Mußestunden angehörigen, Arbeiten flüchtig hingeworfen sind, daß man eine nach Gelehrtenart methodische und sorgfältig angelegte und durchgeführte Untersuchung in ihnen regelmäßig nicht suchen darf, daß ihnen überhaupt, um mit Friedrich's eigenen Worten zu sprechen, die künstlerisch abschließende Vollendung fehlt. Der König hat sich in dieser Beziehung vollkommen richtig beurtheilt, wie denn überhaupt selten ein Mensch es so weit in der Selbsterkenntniß gebracht haben mag, wie er. Seine oft ausgesprochene Bescheidenheit war keine

gekünstelte; sie gab sich auch darin kund, daß er garnicht für
die Oeffentlichkeit schreiben wollte. Nur mit dem von Voltaire
so genannten Antimachiavel wollte Friedrich öffentlich wirken,
einige seiner Schriften sind hinter seinem Rücken oder als Be=
richtigungen gefälschter und indiscreter Publicationen veröffentlicht
worden, noch andere hat er nur für seine Freunde in wenigen
Abzügen drucken lassen, die meisten aber sind erst als oeuvres
posthumes erschienen. Es steht damit nicht im Widerspruch und
kann nicht als unberechtigte Eitelkeit gedeutet werden, wenn manche
Abhandlungen in der Berliner Akademie gelesen und in den Be=
richten der Berliner Akademie veröffentlicht wurden. Der König
war wirklich, auch allein als Schriftsteller betrachtet, den vielen
Perrückenstöcken überlegen, von welchen überwiegend jene würdige
Körperschaft erfüllt war.

Uebersehen wir nun die gesammte Masse der Schriften des
Königs, so lassen sie sich, wie im Ganzen auch in der Ausgabe
von Preuß geschehen, der Form und dem Inhalte nach in fünf
Unterabtheilungen zerlegen. Eine erste Masse bilden die mili=
tärischen Schriften. Sie sind doppelter Art. Die einen sind
Reglements für das Exercitium und den kleinen Waffendienst,
immer wieder umgearbeitet, den Katechismus seiner Offiziere ent=
haltend, wie sich der König oft ausdrückt, und noch heute we=
sentlich maßgebend für das Exercitium der Heere Europa's. Sie
sind alle deutsch verfaßt, ohne wissenschaftlichen Werth und des=
halb auch garnicht in die Ausgabe von Preuß aufgenommen.
Die andere Art militärischer Schriften wird vom König als In=
structionen bezeichnet: es sind dies wirklich kriegswissenschaftliche
Leistungen über Taktik und Strategie, über die Verwendung der
verschiedenen Truppengattungen, über alle möglichen Vorkomm=
nisse des Krieges. Zum großen Theil haben sie ganz concrete
Operationsbasen im Auge und als Kriegsschauplatz ist meist

Schlesien, Böhmen oder Sachsen gedacht. Nach den neuen Erfahrungen des Königs sind diese Instructionen immer erneut wieder umgearbeitet. Aus der überaus großen Frische und Lebendigkeit des Styls spricht das hohe Interesse, mit welchem der König hier arbeitete. Die Heimlichkeit, mit welcher diese Arbeiten behandelt wurden, zeigt den Werth an, welchen der Verfasser auf sie legte. Die meisten Instructionen sind nur für einen oder wenige Generale gearbeitet, denen Geheimhaltung und Vernichtung für den Kriegsfall zur strengsten Pflicht gemacht war. Andre sind im geheimen Staatsarchive niedergelegt worden, mit der Bestimmung, erst bei Ausbruch eines Krieges vorgeholt zu werden. Preuß hat 38 solcher Instructionen in deutscher, 16 in französischer Sprache in dem 28.—30. Bande herausgegeben.

Im Leben des Königs gieng Mars mit Apollen immer Hand in Hand und an die kriegswissenschaftlichen Arbeiten reihen sich daher ungezwungen die poetischen Leistungen an. Die Liebe war es gewesen, welche den König seine poetische Ader hatte entdecken lassen. Er giebt die Geschichte davon in einem der ersten Briefe an Voltaire, da er im Jahre 1737 seine poetischen Neigungen glaubt entschuldigen zu müssen. Er schreibt: „eine liebenswürdige Frau flößte mir in der Blüthe meiner jungen Jahre zwei Leidenschaften auf einmal ein; Sie merken wohl, daß die eine die Liebe war, die andre war die Poesie. Jenes kleine Naturwunder, ausgestattet mit allen denkbaren Reizen, hatte so unendlich viel Geschmack und Zartheit der Empfindung. Sie wollte mir beides mittheilen, aber ich, ich hatte Glück nur mit der Liebe, aber nur Unglück mit der Poesie. Seit jener Zeit bin ich ziemlich oft verliebt gewesen, immer aber Poet." Das Ereigniß, auf welches der König hier anspielt, hatte sich in den Jahren 1731 und 1732 zugetragen, als er zur Strafe für seinen Desertionsversuch der Regierung zu Küstrin als Hilfsarbei=

ter zugewiesen worden war. In dieser Zeit hatte Frau v. Wreech, die junge Gattin eines Obersten zu Küstrin, den damals noch nicht ganz zwanzigjährigen Prinzen mit einer tiefen Leidenschaft erfüllt, die dann auch in Versen Beruhigung zugleich und neue Nahrung suchte und fand. Seit jener Zeit hat Friedrich ungeheuer viel Verse gemacht. Von Liebe reden sie nicht mehr und nur in einem der letzten Lebensjahre begegnen wir in seinen Poesieen mehreren Liedern eines Schweizers an seine Geliebte. Dagegen durchlaufen sie im Uebrigen die ganze Scala menschlicher Empfindungen. Lobpreisungen auf die ausgezeichneten Pasteten seines Leibkochs und Anreden an einen Lieblingshund mögen auf der einen Seite und Betrachtungen über Unsterblichkeit der Seele und das Verhältniß Gottes zur Welt auf der andern Seite die Grenzen bezeichnen, innerhalb deren die Poesie des Königs sich bewegt. Ebenso mannichfaltig wie der Inhalt ist die Form der Gedichte: Epigramme, Oden, Episteln, Satiren, chansons, chants, poëmes, comédies sind die ihnen gegebenen Bezeichnungen.

Friedrich selbst dachte vorzugsweise über seine Poesieen sehr bescheiden. Er dichtete nur für sich und seine Freunde, denen er seine Gedichte als Geschenke widmete. Nur mühsam war er zur Veröffentlichung eines Theiles zu bringen, ein anderer Theil ist zuerst durch Indiscretion dem großen Publikum zugänglich geworden. Welche Bedeutung Friedrich seinen Gedichten beilegte, geht am deutlichsten vielleicht aus einem Briefe an Algarotti vom Jahre 1753 hervor: „Ich habe," schreibt er, „die Gedichte, die ich Ihnen schicke, lediglich gemacht, um mich zu zerstreuen. Nur um dessentwillen waren sie berechtigt; im Uebrigen soll man mich weder lesen, noch viel weniger übersetzen. Raphael will copiert, Phidias nachgeahmt, Virgil gelesen sein: was mich angeht, ich will nur unbeachtet gelassen sein. Es ist mit meinen Versen

wie mit der Musik der Dilettanten." In diesen letzten Worten
scheint mir die Bedeutung berührt zu sein, welche das Dichten
für den König hatte. Die gehobenere und schwungvollere Sprache,
der Vollklang des Reimes, der Rhythmus des Verses übte auf
den König die beruhigende und die Dissonanzen des Lebens auf=
lösende Wirkung aus, welche auf andere Menschen die Musik
übt. Deshalb sind die Kriegsjahre oder die sehr häufig wieder=
kehrenden Zeiten der Krankheit die fruchtbarsten für die Poesieen
des Königs. Seine Zeitgenossen sprechen sich — und zwar nicht
blos in den Briefen an den König selbst — meistens sehr aner=
kennend über seine Gedichte aus, namentlich höchst überschwäng=
lich in der ersten Zeit der Bekanntschaft mit dem König Vol=
taire, was diesen freilich später nicht hinderte, darüber Klage zu
führen, daß er sich mit der schmutzigen Wäsche des Königs befassen,
d. h. dessen Gedichte corrigieren müsse. Für einen Deutschen heu=
tiger Tage ist es überaus schwierig, den Poesieen des Königs
gerecht zu werden. Die stelzengängerische Feierlichkeit, mit wel=
cher der Gedankeninhalt hier auftritt, muthet einen Deutschen
heute noch viel weniger an als es schon mit den Vorbildern der
Fall ist, welchen der König folgte. Und dann erschwert es die
Fremdheit der Sprache zu sehr, die poetischen Schönheiten zu
würdigen, welche in den feineren sprachlichen Wendungen verbor=
gen sind und den in der Sprache nicht Aufgewachsenen leicht
auch verborgen bleiben, da uns die Seele der französischen
Sprache doch viel weniger erschlossen ist, als etwa diejenige der
englischen. Im Ganzen aber möchte das richtige Urtheil wohl
in der Mitte liegen zwischen Friedrich's Bescheidenheit und dem
durch die königliche Erscheinung beeinflußten Urtheile der Zeitge=
nossen. Bewundernswerth geradezu ist die Leichtigkeit des Kö=
nigs in der Versification. Seine Poesieen füllen sechs Bände
(10—15) der Ausgabe von Preuß, und außerdem geht auch in

seinen Briefen sehr oft der König aus der Prosa in die Poesie über, so daß viele Briefe in gebundener und ungebundener Rede abwechseln. Seltene Beweglichkeit des Geistes zeigt auch die Fülle der Wendungen, die Menge der Gleichnisse und des ausführenden Details, welche dem König zu Gebote steht. Aber allerdings, ein Dichter von Gottes Gnaden war Friedrich nicht. Und wenn er einmal einen zur Beurtheilung der menschlichen Natur überhaupt oft bei ihm wiederkehrenden Gedanken in einem Briefe an Frau v. Camas, seine würdige Erzieherin, auf sich anwendet, indem er schreibt: „ich bin mehr Gefühls= als Verstandesmensch" (je suis plus sensible que raisonnable), so ist dies zwar in gewissem Sinne richtig, aber den Dichtungen des Königs ist es nicht zu Gute gekommen. Das lyrische Element ist zu schwach, das romantische fehlt ganz, das didaktische und rhetorische, das sich bald in prächtige Phrase, bald aber auch in recht banalen Ausdruck kleidet, ist zu stark in Friedrich's Gedichten. Als die gelungensten der größeren Dichtungen gelten einmal „l'art de la guerre", in welcher der Dichter die gesammte Kunst und Geistesgröße des Feldherrn, seine umsichtige und unerschütterliche Ueberlegenheit mit ergreifender Klarheit vor die Seele des Lesers führt. Sodann ein sehr umfangreiches poëme „la guerre des conféderés." Es behandelt die inneren polnischen Wirren, welche sich an die 1768 abgeschlossene Conföderation von Bar anknüpften, und ist unmittelbar nach diesem Jahre gedichtet. Das hohle und windige Wesen des polnischen Adels, die ganze liederliche und zuchtlose Wirthschaft der polnischen Reichstage wird hier mit unübertrefflicher Wahrheit und nicht ohne Humor geschildert.

Die an Umfang und Inhalt bedeutendste Abtheilung unter Friedrich's Schriften ist die dritte, seine Briefe. Preuß hat auf deren Sammlung besondere Sorgfalt verwendet, sie mit aller Mühe in allen Ländern Europa's aufzustöbern gesucht. In dem 16.—27. Bande, also in 12 Bänden, oder, da der 27. Band in 3 Theile zerfällt, eigentlich in 14 Bänden sind 3206 Briefe Friedrich's und die zum Verständniß nöthigen Briefe derjenigen herausgegeben, mit denen der König correspondiert hat. Und dennoch hat der Herausgeber eine bedeutende Anzahl von Briefen, die nach keiner Seite ein Interesse boten, bei Seite gelassen und seit der Ausgabe von Preuß sind noch bis in die neueste Zeit zahlreiche und belangreiche Briefe des Königs neu aufgefunden worden. Von jenen 3206 Briefen sind viele allerdings kurze Billets, andere dagegen wahre Abhandlungen. Wie reich und vielseitig das Gemüths- und Verstandesleben des Königs war, dafür zeugen nicht seine Gedichte und Abhandlungen, sondern seine Briefe. Was er für den Staat geduldet und für Opfer gebracht hat, wie er nicht einen sondern hundert qualvolle Tode während der Zeit des siebenjährigen Krieges gestorben ist, davon meldet nicht die von ihm geschriebene Geschichte seiner Zeit, sondern seine Briefe, ganz vornehmlich die an den Marquis d'Argens, die eine Tragödie enthalten, so erschütternd wie nur irgend eine des Sophokles oder Shakspeare. Wahrlich, einen Schwamm statt des Herzens muß der in der Brust tragen, wer diese Briefe liest, ohne von Liebe und Bewunderung für diesen König erfüllt zu werden.

Man kann die Briefe des Königs in zwei große Gruppen zerlegen. Die eine umfaßt den Briefwechsel, welchen der König mit Gelehrten, Philosophen und Dichtern seiner Zeit unterhielt, die andre begreift die Briefe an seine Familie und seine Freunde. Jene bieten ein getreues Reflexbild des ganzen auf Grundlage französischer Bildung sich entwickelnden Geisteslebens im 18. Jahrhundert, und in ganz besonderem Maße gilt dies von den Briefwechseln mit Voltaire und mit d'Alembert. Der Briefwechsel mit Voltaire füllt die ganzen drei Bände 21—23 und umfaßt die lange Zeit von 1736—1778. Wie oft auch der König in gerechter Entrüstung über Voltaire's Kabalen und ehrenrührige Händel sich von ihm lossagte, immer trieb es ihn wieder an, den Verkehr mit Voltaire von Neuem aufzusuchen; und auch Voltaire darf man vielleicht glauben, daß der Verkehr mit dem König nicht allein seiner Habgier und seiner Eitelkeit ein Bedürfniß war, wenn er unter Bezugnahme auf seine nothwendig gewordene Trennung vom König auf ihr gegenseitiges Verhältniß einen Vers des Martial anwendet: nec tecum possum vivere, nec sine te — je n'ai pu vivre sans vous ni avec vous. Auch mit d'Alembert ist der Briefwechsel ein gleich langer (1746—1783), aber, weil d'Alembert nicht nur ein geistreicher Mann, sondern auch ein reinlicher Charakter war, minder wechselvoller: er bildet den Hauptinhalt des 24. und 25. Bandes. Friedrich's Vielseitigkeit und seine lebhaften wissenschaftlichen Interessen geben sich in diesen Briefen glänzend kund: über alle Zeitfragen auf dem Gebiet der schönen Literatur und Wissenschaften, über Fragen der Religion, der Politik und des praktischen Lebens werden in diesen Briefen die eingehendsten Erörterungen geführt. Das hohe Interesse, welches der König diesem Briefwechsel zuwendet, zeigt sich nicht nur darin, daß er seine Briefe an Voltaire und d'Alembert oft erst nach mehrmaliger Ueberarbeitung absendet und regelmäßig im Original für sich zurückbehält, sondern mehr noch vielleicht in der Heftigkeit, mit welcher er seine Ansichten vielfach vertheidigt.

Ein wesentlich psychologisches Interesse bietet dagegen die andre Gruppe von Briefen an die Familie und Freunde. Es ist an Friedrich oft eine starke Neigung bemerkt worden, durch seine scharfe und spitze Zunge wehe zu thun. Gewiß, er hatte häufig ein Vergnügen daran, die Leute zu ärgern, auch ist es

nicht schwer, Züge der Lieblosigkeit, Härte und Ungerechtigkeit in
der Beurtheilung der Menschen in seinem Leben nachzuweisen.
Aber trotzdem ist es vollkommen richtig, wenn Friedrich wieder=
holt versichert, er habe mehr Gefühl als Andre. Für gewöhn=
lich freilich behält er seine Empfindungen für sich, und nur selten
brechen sie so gewaltig erschütternd hervor, wie nach Kolin und
Hochkirch, wo das Geschick schwerer noch als der Feind ihn
schlug, indem es ihm an jenen beiden Unglückstagen die beiden
Personen raubte, die ihm die theuersten im Leben waren, seine
Mutter und seine Schwester Wilhelmine. In der Brust aber
dieses männlich schweigsamen Königs wohnte ein selten zartes
und weiches Herz, welches von den Gefühlen der Kindes= und
Verwandtenliebe, der Dankbarkeit und der Freundschaft wie das
vielleicht weniger Menschen erfüllt und durchdrungen war. Von
dieser Hingebung an Eltern, Verwandte, Erzieher und Freunde
geben gerade die Briefe die sprechendsten Beweise. Die tiefe
und dankbare Ehrerbietung, die er gegen die Mutter bekundete
und bis an seine letzten Lebenstage wach erhielt, fällt verhältniß=
mäßig leicht in das Gewicht gegenüber der Selbstüberwindung,
mit welcher er dem Vater kindliche Dankbarkeit zollte. Vater
und Sohn glichen sich eigentlich nur in Einem: in dem katego=
rischen Imperativ der Pflichterfüllung, der Beide gleichmäßig
beseelte. Im Uebrigen gehörten Beide einer völlig verschiedenen
Welt an. Was dem Sohne theuer war, war dem Vater ein
Gräuel, und erst in den allerletzten Lebenstagen hat dieser den
Werth des Sohnes erkannt, während er vorher trotz der äußer=
lichen Aussöhnung ihm beständig gemißtraut hatte. Von unbe=
fangener Kindesliebe konnte daher in diesem Verhältniß nicht
die Rede sein. Dasselbe war für Friedrich nur eine Schule, sich
in schweigender Zurückhaltung zu üben, und daher auch vielleicht
jene virtuose Kunst des Schweigens. Es stellte den Charakter

Friedrich's auf die allerschwerste Probe. Der schwere innere Conflict, in welchen Friedrich durch dieses ganze Verhältniß gebracht war, spricht sich vielleicht nirgends deutlicher aus als in einem Briefe an Duhan de Jandun. Dieser alte Erzieher Friedrich's, der in des Jünglings Seele den Grund zu der französischen Bildung gelegt hatte, die diesem nachher so theuer war, war in Folge des Desertionsversuches von dem erzürnten Vater nach Memel verbannt worden. Der Kronprinz möchte das Leben seines alten, um seinetwillen leidenden Lehrers so gerne erheitern, und eine Reihe höchst zartfühlender Briefe gehören dieser Verbannungszeit an. In einem dieser Briefe vom Jahre 1736 schreibt er: „Die Bande des Blutes gebieten mir Stillschweigen über einen Gegenstand, über den ich mich leicht zu stark ausdrücken könnte und bei dessen Erörterung die feine Linie, welche zwischen der Pflicht eine schlechte Handlung zu hassen und der Pflicht den Thäter zu lieben in der Mitte liegt, leicht verschwinden könnte. Dies sind Gelegenheiten, wo die Ehrfurcht uns gebietet, schlechten Dingen eine Wendung zu geben, bei welcher sie weniger hassenswerth erscheinen, und wo die Liebe verlangt, die Fehler des Nächsten mit den besten Farben zu übertünchen, die uns irgend zu Gebote stehen." Friedrich hat den Kampf, in dem er hier sich zeigt, in der ehrenvollsten Weise durchgekämpft und in ihm triumphiert. Oft noch tritt in späteren und selbst den letzten Lebensjahren die schmerzliche Erinnerung an die leidvollen Jahre seiner Jugend hervor, aber nie zeigt sich Friedrich der Ehrfurcht gegen den bar, der diese Jugend, wenn auch in der besten Absicht, zu einer so leidvollen gemacht hat. In der nachher zu erwähnenden Geschichte des Hauses Brandenburg hat der Sohn vielmehr dem Vater das schönste Denkmal gesetzt, indem er dessen für den Staat so überaus segensreichen Regententugenden mit so viel Wärme dargelegt hat, wie Niemand nach ihm. Und einen hellen Glanz werfen auf Friedrich's Kindesherz jene schönen Worte, mit welchen der Sohn gegen den Schluß der Geschichte seines Vaters auf die eigenen Jugenderlebnisse anspielt, wenn er sagt: „Wir haben mit Stillschweigen übergangen den vielen häuslichen Kummer dieses großen Fürsten: man muß einige Nachsicht haben für die Fehler der Kinder angesichts der Tugenden eines solchen Vaters." Es ist dies keine schauspielerische Phrase, denn Niemand erkannte es besser als Friedrich, wie heilsam auch die schmerzvolle Kur gewesen, welche der Vater an ihm vorgenommen hatte.

Sehr schön zeigt sich Friedrich auch in seinem Verhältniß zu den beiden Leitern seiner Jugend, zu Duhan de Jandun und zu seiner ehemaligen Gouvernante, der nachmaligen Frau v. Camas. Duhan suchte er durch die zarteste Rücksicht für das zu entschädigen, was dieser um ihn gelitten hatte, und als Friedrich aus dem zweiten schlesischen Kriege heimkehrte, Berlin ihn im Triumph empfieng und zum ersten Mal als den Großen begrüßte, da stahl er sich fort aus den Festlichkeiten des Empfanges, hin nach einem Hause, das noch heute in einer Winkelgasse der Königsstadt steht, um den geliebten Lehrer noch einmal auf dem Sterbebette zu sehen und ihm zu danken. Die Briefe an Frau v. Camas aber, welche namentlich in den Leidensjahren des siebenjährigen Krieges sehr reichlich fließen (Frau von Camas starb erst 1765 als eine Achtzigerin) sind wahre Muster dafür, mit einer alten Frau schön zu thun und sich ihr aufmerksam zu beweisen, wie denn überhaupt Friedrich eine Virtuosität darin besitzt, den Ton seiner Briefe der Individualität des Adressaten entsprechend zu greifen.

Das Freundesherz Friedrich's aber strömt warm und voll aus, giebt sich ganz und ungeschminkt in Briefen wie an Suhm, Herrn v. Camas, Etienne Jordan, Algarotti, die Herzogin von

Gotha, Fouqué, Hoditz, Gotter, seinen Vorleser de Catt und vor Allem an den Marquis d'Argens,²) und von seinen Familienbriefen in denen an seine Schwester Wilhelmine von Baireuth. Als ein Zeichen, wie schön menschlich der König in seinen Freundschaftsbeziehungen empfand, theile ich einen kurzen Brief an Algarotti mit, in welchem er sich über den Tod Suhm's ausspricht, seines besten Freundes aus den späteren Kronprinzjahren. Der Brief ist wenige Monate nach Friedrich's Regierungsantritt geschrieben und lautet: „Mein lieber Algarotti. Ich bin wirklich zu traurigen Ereignissen geboren. Soeben erhalte ich die Nachricht vom Tode Suhm's, meines besten Freundes, der mich ebenso aufrichtig liebte, wie ich ihn liebte, und der mir bis an seinen Tod das Vertrauen bezeugt hat, das er in meine Freundschaft setzte und zu meiner Zärtlichkeit hegte, von der er überzeugt war. Ich möchte lieber Millionen verloren haben. Man findet kaum Leute wieder, in denen so viel Verstand vereint ist mit so viel Herzensreinheit und Gemüth. Mein Herz wird ewig für ihn Trauer tragen, und zwar so tiefe, wie man sie auch für nahe Verwandte sonst nicht trägt. Sein Andenken wird fortleben, so lange ein Tropfen Bluts in meinen Adern rollt und seine Familie wird fortan die meine sein. (Der König hat dies durch Fürsorge für Suhm's Angehörige zur Wahrheit gemacht.) Leben Sie wohl, ich bin nicht im Stande, von etwas anderem heute zu reden. Das Herz blutet mir, und der Schmerz den ich davon empfinde ist zu lebhaft, als daß ich an etwas anderes denken könnte. Friedrich."

Freundschaftliche Stimmungen von dieser Tiefe zeigt die Correspondenz Friedrich's unzählige, und je mehr solche freundschaftliche Mittheilung für ihn ein Bedürfniß war, um so mehr mußte er zweierlei empfinden. Einmal hat der Tod sehr frühzeitig in Friedrich's Freundeskreise aufgeräumt. Seine Jugendfreunde überleben meist den zweiten schlesischen Krieg nicht, so namentlich Suhm, Jordan, Keyserling, Schulenburg, Winterfeld; die später gewonnenen sind bald nach dem siebenjährigen Kriege alle dahin, der im Januar 1771 gestorbene Marquis d'Argens der letzte in der Reihe, und dies machte die letzten zwei Jahrzehnde in Friedrich's Leben zu einer sehr freudeleeren und elegischen Zeit. Der andre Umstand, der Friedrich's freundschaftliche Beziehungen beeinträchtigte, ist nicht auf Rechnung des Geschickes, sondern auf seine eigne zu setzen. Friedrich hatte das Unglück, ein allzu scharfes Auge für die Schwächen der Menschen zu besitzen und diese Erkenntniß dann nicht für sich behalten zu können, sondern gerne auf diese Schwächen zu sticheln und die Menschen damit aufzuziehen, uneingedenk dessen, wie schwierig es bei seiner hohen Stellung den Angegriffenen sein mußte, sich genügend zu wehren. Nicht nur daß er mit einzelnen Leuten, wie namentlich dem Hofgeschichtschreiber Pöllnitz und seinem zeitweiligen Secretär Darget, kaum zu einem anderen Zwecke brieflich verkehrt als um sie zur Zielscheibe weder sehr geistreicher noch viel weniger feiner Witze zu machen, sondern auch solche, die seinem Herzen wirklich nahe standen, wird er nicht müde, wegen wirklicher oder vermeintlicher Schwächen zu verspotten. Zur Ehre der Menschheit vertragen aber nur wenige Leute dergleichen auf die Dauer. Unter Friedrich's Freunden hat sich nur der leichtlebige Algarotti — mon cygne — diese Behandlung, im Bewußtsein dafür durch Geld und Ehrenbezeugungen entschädigt zu werden, ruhig gefallen lassen. Schwerfälligere und cholerische Naturen — wie Etienne Jordan, d'Argens, de Catt — mußten dagegen nothwendig dem König entfremdet werden, und sehr mit Unrecht klagt daher bei solchen Gelegenheiten Friedrich: „les princes ne sont dans le monde que pour y faire des ingrats". Die Schuld war in solchen

Fällen im Gegentheil auf Seiten des Königs. Sehr lehrreich ist in dieser Beziehung sein häßlicher Absagebrief an den Marquis d'Argens (Oeuvres XIX. 422 vom September 1768) und dessen Antwortschreiben (daselbst 423—425), in welchem dieser alle die schlechten Späße aufzählt, die sich der König fortdauernd mit ihm erlaubt hatte. So sehr war es dem König ein Bedürfniß seine Umgebung durch Auslassung seines Spottes zu peinigen, daß selbst Schwester Wilhelmine, die er doch so zärtlich liebte, sich es hat gefallen lassen müssen, wegen ihrer Eitelkeit namentlich, von ihm gehänselt zu werden. Diese kleine malitiöse Person hat aber deshalb nicht nur Jahre lang mit dem Bruder geschmollt, sondern sich auch dadurch gerächt, daß sie in ihren amüsanten aber höchst unzuverlässigen Memoiren sehr vieles dummes Zeug über ihn — wie aber freilich auch über andere Glieder ihrer Familie — geschwatzt hat. Aber durch alle jene Zerwürfnisse bricht doch der helle Glanz reiner menschlicher Empfindung immer wieder hindurch und gerade dieser Widerstreit macht die ja überhaupt so vielfach von Conflicten und Gegensätzen erfüllte Gestalt des Königs um so anziehender und geradezu rührend.

In jenem angedeuteten Charakterzuge scheint mir auch der Schlüssel zur Beurtheilung des ehelichen Verhältnisses zu liegen, in welchem Friedrich 53 Jahre lang gelebt und welches der Mit- und Nachwelt so viel zu reden Veranlassung gegeben hat. Friedrich hat bekanntlich nicht nach eigener, sondern nach des Vaters Wahl geheirathet; aber die Briefe zeigen, daß er in diese eheliche Verbindung nicht so widerwillig eintrat, als die Geschichtsbücher meist erzählen. Die Ehe war während der Kronprinzenzeit keine unglückliche, die Kronprinzessin ihrem Manne vielmehr eine rechtschaffene Hausfrau, und es ließ sich an, als würde die Ehe zwar keinen besonders tiefen Charakter annehmen, aber doch zu einem ruhigen Nebeneinanderleben gleich den meisten Ehen sich gestalten. Indessen das etwas larmoyante Wesen seiner Frau, diese stets hingebungsvolle, sich immer unterordnende, zu Allem Ja sagende Madonna („„mit den schlechten Zähnen", wie die allerdings sehr unzuverlässige, boshafte Schwägerin Wilhelmine hinzusetzen würde) wurde Friedrich bald sehr langweilig, und seit der Abwesenheit des Königs im ersten schlesischen Kriege tritt eine merkliche Entfremdung gegenüber seiner Frau ein, die sich sehr charakteristisch in dem Tone seiner Briefe vor und nach dem Jahre 1740 ausspricht. Friedrich dachte zu ritterlich, um gegen seine waffenlos ihm gegenüberstehende Frau jene malitiöse Ader walten zu lassen, aber es ist ein eisiges Verhältniß, welches aus den kurzen höflichen Billets spricht, die der König an die seit 1746 stets von ihm getrennt wohnende Gattin richtete. Vielleicht wäre eine weniger hingebungsvolle Frau, die ihm von Zeit zu Zeit auch etwas hätte auftrumpfen können, besser an Friedrich's Seite am Platze gewesen. Aber am besten hätte jedenfalls zu einem Charakter wie dem seinigen gar keine Frau gepaßt, wie er auch selbst empfand, wenn er einmal, in seiner allerdings oft frivolen Weise aber in der Sache ganz richtig, an die Kurfürstinwitwe von Sachsen schreibt: „Der König Salomon hatte tausend Frauen und an ihnen immer noch nicht genug, ich dagegen habe nur eine und auch die ist mir noch zu viel."

Einen vierten Theil von Friedrich's Werken bilden die historischen Schriften. Friedrich hat in vielen Absätzen die Geschichte des brandenburgisch-preußischen Staates in zwei großen Hauptwerken geschrieben, den Mémoires pour servir à l'histoire de la maison de Brandebourg, die bis zum Jahre 1740 führen, und der Histoire de mon temps, die mit 1776, dem baierischen Erbfolgekriege, abschließt. Mit einigen geschichtlichen Specialuntersuchungen füllen diese Werke die ersten sechs Bände der Ausgabe von Preuß. Friedrich war kein kritischer Geschichtschreiber im heutigen Stil, vielmehr ein durchaus pragmatischer. Ihm kommt es nicht darauf an, die Vergangenheit als ein Product und Theil menschlicher Kulturentwickelung rein um ihrer selbst willen darzustellen, einfach das Vergangene wahrheitsgetreu zu berichten, die Ereignisse und Charaktere der Geschichte aus ihrer Zeit heraus zu erklären und so der Vergangenheit in Wahrheit gerecht zu werden, sondern er schreibt Geschichte, den Blick beständig, sowohl in der Auswahl der Ereignisse als in dem Urtheil, auf die Gegenwart gerichtet. Nur so weit die Geschichte dazu dient, die Gegenwart zu erklären, Zustände der Gegenwart in das rechte Licht zu stellen, Controversen der Gegenwart aufzuhellen, ist sie ihm interessant: sie dient ihm, auch für die Gegenwart, als „l'école de la prudence". Um diese l'école de la prudence recht handgreiflich zu machen, werden häufig moralisierende und kritisierende Betrachtungen eingestreut, die Moral von der Geschichte hübsch fleißig an das Herz gelegt, dabei aber philosophiert und kritisiert, durchaus vom Standpunkt des Voltairianers oder des Königs, der in der Bekämpfung des habsburgischen Einflusses in Deutschland seinen Beruf sieht. Es ist hierdurch erklärlich, wenn der Werth von Friedrich's Geschichte in den verschiedenen Theilen ein sehr verschiedener ist. Er ist sehr gering für die ganze Zeit bis auf den großen Kurfürsten. Dieser Theil ist in den Thatsachen äußerst dürftig und voller Unrichtigkeiten, in den Urtheilen oft schief und geradezu abgeschmackt. Das große deutsche Ereigniß des 15. und 16. Jahrhunderts, welches dem König ganz unverständlich war, ist mit einer Plattitüde besprochen, die Persönlichkeiten von Huß, Luther und Calvin mit einer Sorte von schlechten Witzen abgefertigt, wie sie bei einem so geistreichen Manne wie Friedrich wahrhaft staunenswerth ist und wie sie heute doch nur bei den allerungebildetsten Aufgeklärten noch angetroffen werden könnte. Dagegen ist die Geschichte der dem König näher liegenden Zeit seit 1640 vortrefflich geschrieben. Da ist kein todtes und uninteressantes Detail, keine langweiligen Beschreibungen von Festlichkeiten und Caerimonien, wie bei anderen Geschichtschreibern seiner Zeit. Mit kräftigen, saftigen Farben werden die Zeiten des großen Kurfürsten geschildert und durch kleine, immer charakteristische Anekdoten das Bild lebendig gemacht. Es ist echtes Pathos und warmes Herzblut in jener sympathisch geschriebenen und mit Sympathie erfüllenden Charakterschilderung des großen Kurfürsten; sie ist mit cholerischer Bitterkeit getränkt, die Feder, mit welcher die Gestalt des eitlen, prunksüchtigen und verschwenderischen Friedrich's I. gezeichnet ist, und es spricht nicht nur kindliche Pietät, sondern ein kräftiger Sinn für das Reale aus dem Bilde, in welchem Friedrich Wilhelm I. mit seinen öconomischen und pädagogischen Regententugenden uns entgegentritt. Und dabei tritt in wohlthuender Weise die Ueberzeugung aus dieser Darstellung der preußischen Geschichte hervor, daß die Völkergeschichte nicht bloß in Kriegen und Staatsactionen besteht, sondern ebenso auch in der Kulturentwicklung. Es werden von guten Gesichtspunkten aus Betrachtungen über brandenburgische Kulturgeschichte aller Art in besonderen Excursen angestellt, wenn sie auch, was die Ergebnisse anlangt, damals nur mager ausfallen konnten. Aus dieser Geschichte seit 1640 habe ich überhaupt die Ueberzeugung gewonnen, daß Friedrich ein sehr bedeutendes Talent zum Historiker hatte, ja daß bis zu seiner Zeit ihm kein Geschichtschreiber in Genießbarkeit der Darstellung und Größe der Gesichtspunkte gleichkam. Es hat mich außerdem auch überrascht zu sehen, wie die Geschichtsauffassung und die von Friedrich mitgetheilten Charakterzüge in die Anschauungen übergegangen sind, welche in Preußen das Volk von der vaterländischen Geschichte hat: der König ist wirklich, wenn auch durch eine Reihe von Mittelgliedern, der Geschichtslehrer seines Volkes geworden.

Uebrigens ist in den thatsächlichen Mittheilungen Friedrich's Geschichte seiner Zeit nicht so zuverlässig, als man glauben sollte. In einer Reihe von Punkten kann der König in seinen Angaben über seine eigenen Unternehmungen widerlegt werden. Der Grund hierfür liegt in der großen Flüchtigkeit, mit der Friedrich seine geschichtlichen Werke überhaupt hingeworfen, namentlich aber den siebenjährigen Krieg beschrieben hat, eine Zeit, die auch in der Erinnerung zu durchleben ihm peinlich und unangenehm war. Keinesweges aber darf man jene Unrichtigkeiten auf Rechnung der mangelnden Wahrhaftigkeit setzen. Im Gegentheil tritt mir aus den geschichtlichen Schriften ein Charakterzug hervor, der mir bei weitem der größte an der großen Gestalt des Königs erscheint: nämlich seine unbedingte Wahrheitsliebe. Ja, dieser König hat sein ganzes Leben hindurch nach Wahrheit gerungen; er hat sie unbedingt anerkannt, wo er sie gefunden zu haben meinte, alles Scheinwesen alsdann muthig über Bord geworfen, alle Versuche, sich selbst zu belügen oder mit Halbdunkel zu umgeben, von sich gewiesen, er hat die Wahrheit bekannt und in der Wahrheit gehandelt. Unzählige Male proclamirt er so die Wahrheit als seine Meisterin, am bündigsten, wenn er in der Kritik eines Holbach'schen Werkes ausruft: „je ne cherche que la vérité, je la respecte partout où je la trouve, et je m'y soumets, quand on me la montre." Von diesem Wahrheitstriebe läßt er namentlich in seinen Geschichtswerken sich unbedingt leiten, wie er in der Vorrede zu einem Theile einmal ausruft: „je n'ai jamais trompé personne durant ma vie, encore moins tromperai-je la posterité." Dieser Ausspruch besagt viel, aber richtig verstanden, wird er vollkommen durch

Friedrich's Leben bestätigt. Freilich darf man ihn nicht so verstehen, daß Friedrich geneigt gewesen wäre, den Leuten auf die Nase zu binden, was sie von ihm wissen wollten. Er wußte wie Einer, daß Schweigen Gold sei: „le secret est une vertu essentielle pour la politique aussi bien que pour l'art de la guerre", sagt er einmal. Er hat schweigen gelernt, in jenem Verkehr mit seinem Vater, und mit den Jahren wurde er immer schweigsamer, undurchdringlicher, virtuoser darin, neugierige Leute nichts wissen zu lassen. Aber jene Worte besagen das, daß er durchaus nicht besser erscheinen wollte, als er war, er sich ungeschminkt geben wollte. Und dies will etwas sagen, wenn man, was sehr nahe liegt, Friedrich's Selbstbiographie mit Cäsar's Commentarien über dessen Kriege vergleicht, in welchen so vieles Bedenkliche bemäntelt und Alles effectvoll, oft sogar recht großprahlerisch in Scene gesetzt wird. Nichts von Alledem bei Friedrich. Die Selbstkritik, die er in Bezug auf seine Leistungen als Feldherr anstellt, in der Regel wenn er zum Schluß jedes Jahresfeldzuges kommt, ist vortrefflich. Es kann keinen strengeren Kritiker für Friedrich's Benehmen in dem reinen Manövrierfeldzuge des Jahres 1744 geben als Friedrich selbst, indem er seine Ungeschicklichkeiten hier in offenster Weise bloslegt und seinen Gegner, den General Traun, rückhaltslos als seinen Meister und Lehrer anerkennt. Ganz ausgezeichnet aber finde ich im Punkte der Wahrheitsliebe die Art und Weise, wie er vom Beginne des ersten schlesischen Krieges und von der ersten Theilung Polens spricht. Diese Bücher sind zu allen Zeiten für und wider die Rechte von Brandenburg auf die schlesischen Herzogthümer geschrieben worden. Friedrich setzt die Existenz dieser Rechte als selbstverständlich voraus. Aber mit den schönsten Rechten hätte Friedrich doch keinen Krieg angefangen, wenn er sich keinen Erfolg versprochen hätte. Darum erörtert er in seiner Geschichte die Rechte so gut wie garnicht, sondern nur die Gründe, die für und wider den Erfolg des Krieges sprechen. Diese Gründe für und wider entnimmt er aus der allgemeinen politischen Lage und der besonderen Situation Oesterreichs. Die Gründe für den Erfolg erscheinen ihm die stärkeren, und nach deren Erörterung schließt er: „zu diesen Gründen füge man hinzu: ein schlagfertiges Heer, ein gefüllter Kriegsschatz und vielleicht auch das Verlangen, sich einen Namen zu machen — all dies war Ursache des Krieges, den der König unternahm." Hier werden vielleicht Manche in sittlicher Entrüstung ausrufen: „ja, ja! das alte Preußenlied: Macht geht vor Recht! aber eiserne Ladstöcke (damals dasselbe, was heute Spitzkugeln oder Zündnadeln heißt) sind doch keine Rechtsgründe." Ich aber kann mir nicht helfen, daß ich diese ehrliche Offenherzigkeit bezaubernd finde, zumal wenn es sich um die Ausführung einer so sichtbar Gottgesegneten That, wie die Erwerbung Schlesiens ist, handelt. — In derselben Weise läßt sich der König über die erste Theilung Polens aus. Friedrich findet die polnische Wirthschaft entsetzlich, das Treiben des Adels höchst verächtlich, den Zustand des Landvolks äußerst beklagenswerth. Aber er ist es nicht, der aus diesen Thatsachen einen providentiellen Beruf herleitet, dieser Wirthschaft den Garaus zu machen. Sondern er räsonniert sehr ruhig aber sehr aufrichtig, wie ich in abgekürzter Form mit Friedrich's eigenen Worten wiedergebe. „Die Czarin war entschlossen, einen Theil Polens zu nehmen; ich konnte und wollte deshalb meinen Staat nicht in einen neuen Krieg stürzen. Würde aber Rußland in Polen stärker, so wäre Preußens Lage gefährdeter als je. Indessen diese Gefahr ließ sich auf andere Art aufheben. Rußlands Vergrößerungssucht bot eine äußerst günstige Gelegenheit, das für die Verbindung von Brandenburg mit Ostpreußen so überaus wichtige polnische Preußen zu gewinnen. Man hätte ja ganz dumm sein müssen, hätte man eine so vortreffliche Gelegenheit nicht benutzt. Darum ergriff ich diese Gelegenheit beim Schopf, und durch ein weniges Handeln und Intriguieren gelang diese für den Staat so höchst wichtige Erwerbung." Mag man eine solche Denkweise vom moralischen Standpunkte verurtheilen: nur einen Gleißner und Lügner, wie ihn seine Zeit so oft nannte, wird man einen solchen König nicht nennen dürfen.

Dieselbe Wahrheitsliebe spricht sich aber auch in dem Handeln Friedrich's aus. In der Art, wie die beiden ersten schlesischen Kriege und später die Promenade des bairischen Erbfolgekrieges beginnt, ist durchaus nichts von Temporisieren und Lavieren, Handeln und Vorschlagen. Sofort wird die letzte Karte ausgespielt. Die Forderung definitiv aufgestellt. „Dies verlange ich, dabei bleibt es, und wenn ihr nicht wollt, so rücken meine Bataillone in euer Land." Ebenso verschmähte aber auch die Wahrheitsliebe Friedrich's alle jene kleinen Listen und Intriguen, an welchen die Diplomatie im Zeitalter Ludwig's des XIV. und XV. so überaus reich war. Er hätte die Intriguen nicht gescheut, hätte er sie für den Staat sehr zuträglich oder nothwendig gefunden. Aber seine Seele ist zu stolz, um jene Nothwendigkeit so leicht einzusehen und zu den kleinen Hausmittelchen der Diplomatie zu greifen. Wäre er weniger stolz gewesen, der siebenjährige Krieg wäre vielleicht nicht geführt worden, oder der dritte schlesische wenigstens nicht der siebenjährige gewesen. Am Hofe der Kaiserin Elisabeth war mit Golde ziemlich Alles zu erreichen, und es war von russischen Ministern oft nahe gelegt worden, daß preußische Handsalben gute Dienste thun würden. Friedrich hat zu diesem Mittel nicht gegriffen, obgleich seine Kassen gefüllt und die goldenen Tafelservice damals noch uneingeschmolzen waren. Und die Marquise von Pompadour, welche von der stolzen Maria Theresia als Cousine und Schwester brieflich angeredet wurde: was erwiderte doch Friedrich, als sie durch Voltaire ihm ihre Empfehlungen sagen ließ? Die köstlichen kurzen Worte: je ne la connais pas. Hätte Friedrich statt dessen wieder einen schönen Gruß bestellt, vielleicht hätte Frankreich am siebenjährigen Kriege nicht Theil genommen. Aber freilich, es war schließlich doch besser so, daß Preußen die Berechtigung zu seiner Existenz im Kampfe gegen ganz Europa erwies.

Den fünften und letzten Theil von Friedrich's Schriften bilden seine philosophischen und politischen Abhandlungen, mit denen der 7., 8., 9. Band der Werke angefüllt, von denen aber Einzelnes auch anderweit zerstreut ist. Aus der Unmasse von Notizen, die ich mir gerade über des Königs politische Betrachtungsweise und schriftstellerische Thätigkeit gemacht habe, greife ich nur einzelne der bedeutendsten heraus. Am interessantesten ist mir ein bisher unbemerkter Aufsatz erschienen, der sich in die Gestalt eines Briefes an den Kammerherrn des Kronprinzen, v. Natzmer, kleidet und schon im Jahre 1731 geschrieben ist. Der klare reale Sinn des späteren Königs, sein hoher Begriff von den Aufgaben des Staates spricht sich schon in dem Elaborat des neunzehnjährigen Kronprinzen aus. Dieses zeigt, daß Friedrich damals doch nicht der „effeminierte Kerl" war, wie ihn der Vater in jener Zeit nannte, sondern Ideen nährte, welche die Oesterreichs Schleppe tragende Politik Friedrich's I. und Friedrich Wilhelm's I. nicht zu fassen wagte. Der Kronprinz räsonniert hier ungefähr in folgender Weise. Wie Brandenburg jetzt ist, ist es ein Ding, das weder leben noch sterben kann. Es ist verachtet, von Jedermann beständig haranguiert, mishandelt, bedroht. Das muß anders werden. Von den Rechten, die Brandenburg auf andere Länder ansprechen kann, wollen wir einmal absehen, nur fragen, was aus Gründen der Politik wün=

schenswerth oder nothwendig für Brandenburg ist. Da ist vor Allem Westpreußen (jene bekannte Verbindung!), das eigentlich ja zum Ordenslande gehört und die Polen doch nur gestohlen haben. Dann müssen wir Vorpommern haben: das brauchen wir, um unsere Stellung gegen die Schweden zu befestigen, und das würde unsern Handel und Intraden sehr vermehren. Und warum sollten wir es auch nicht haben? Fließt doch nur die kleine Peene zwischen schwedisch Pommern und unserm Pommern, und könnten wir beides vereinigen (man merke wie reizend ausgedrückt!) ce serait un fort joli effet. Mecklenburg wäre alsdann zur weiteren Abrundung in jenem Winkel höchst wünschenswerth. Hier müßten wir aber das Aussterben der herzoglichen Linie abwarten, um es dann „ohne jede Cäremonie" zu besetzen. Wegen Frankreichs ist es ferner ganz durchaus nothwendig, daß das arme Cleve, Mark und Ravensberg, das wir im Westen besitzen, nicht so verlassen bleiben, sondern mit den anderen Theilen der Jülich'schen Erbschaft, mit Jülich und Berg, vereinigt werden. Kriegen wir Jülich und Berg nicht, so gehen nothwendig Cleve, Mark und Ravensberg auch zum Henker, während, wenn wir sie kriegen, Frankreich alsdann nur kommen soll! Damit, meint Friedrich, wäre es vorläufig genug (an Schlesien denkt er noch garnicht), und dann kommt eine klassische Stelle, welche zeigt, daß es sich hier nicht um Kindereien und Ländergier, sondern um höchst ethische Ziele handelt. Es heißt nämlich nun wörtlich: „Ich hoffe, daß man dies Alles ziemlich verständig finden wird. Denn, wenn die Dinge so kämen, dann würde der König von Preußen eine gute Figur unter den Großen der Erde machen und eine von den großen Rollen spielen können. Er würde dann den Frieden geben oder aufrecht erhalten können, aus keinem anderen Grunde als aus Liebe zur Gerechtigkeit, nicht aber aus Furcht (wie jetzt der Fall); und wenn die Ehre des Hauses oder Landes den Krieg nothwendig machte, dann würde es ihn mit Kraft führen können, indem es alsdann keinen Feind zu fürchten hätte als allein den himmlischen Zorn, der gewiß nicht zu fürchten sein würde, so lange Frömmigkeit und Gerechtigkeitsliebe im Lande herrschen würde über Irreligion, Parteiungen, Habsucht und Selbstsucht. Ich wünsche diesem Hause Preußen, daß es sich völlig aus dem Staube erhebe, in welchem es jetzt darniederliegt, damit es die protestantische Religion im Reiche und in Europa blühen machen könne, daß es sei die Zuflucht der Bedrängten (Friedrich denkt hier an die französischen Refugiés und die vertriebenen Salzburger), der Trost der Witwen und Waisen, die Stütze der Armen, der Schrecken der Ungerechten. Aber wenn es anders würde, wenn die Ungerechtigkeit, die Gleichgiltigkeit gegen die Religion, die Parteilichkeit oder das Laster die Oberhand gewönnen über die Tugend, was Gott ewig verhüten möge, dann wünsche ich jenem Hause, daß es schneller herabsinke als es erstanden ist." Ja fürwahr, das ist eine schöne Sprache für einen neunzehnjährigen Kronprinzen und zukünftigen Regenten, und in jener Zeit war sie wahrlich nicht gewöhnlich!

Es ist derselbe reale und ideale Sinn, welcher aus zwei etwa gleichzeitigen Schriften spricht, die in den Jahren 1738 und 1739, in der glücklichen Rheinsberger Zeit, geschrieben sind. Die eine, die eines praktischen Realpolitikers, sind die Considérations sur l'état présent du corps politique de l'Europe. Sie schildert die vollkommen unsichere Lage des damaligen Deutschland und Europa. Gründe dieser Unsicherheit sind vor Allem zwei: das Streben des Hauses Habsburg nach Errichtung der Erbmonarchie über Deutschland, und das Streben Frankreichs nach der Weltmonarchie. Das letztere werde weniger durch Waffengewalt verfolgt als dadurch, daß Frankreich geschickt die Uneinigkeit der Fürsten Europa's zu schüren und zu erhalten wisse. Frankreichs Politik sei die gleiche, die dereinst Philipp von Macedonien gegenüber den griechischen Freistaaten verfolgt habe, welche Parallele sehr hübsch durchgeführt wird. Ueberhaupt gute Geschichtskenntniß in dieser Abhandlung und ein tiefes Verständniß der damaligen Lage Europa's. Die ideale Ergänzung dieser praktischen Schrift bildet die gleichzeitige Réfutation du prince de Machiavel, der von Voltaire so genannte Antimachiavel. Ueber kein Buch gewiß — die Bibel etwa ausgenommen — ist in neuerer Zeit so viel geschrieben worden als über den 1515 verfaßten Il principe des Machiavelli. Wenn ich die Namen Rousseau, Alfiéri, Friedrich Karl v. Moser, Fichte, Ranke, Macaulay, Robert Mohl, Trendelenburg anführe, so habe ich damit nur die berühmtesten der Männer genannt, die nach Friedrich über den principe bald gelegentlich bald in besonderen Schriften gehandelt haben.³) Die Gelehrten sind bis heute in ihrem Urtheil über Machiavelli nicht einig; die öffentliche Meinung ist hierin glücklicher. Ein recht eingefleischter Politiker heißt ein wahrer Machiavelli; eine Reihe von Aussprüchen, wie z. B. divide et impera, oderint dum metuant, mundus vult decipi segeln im Strome der öffentlichen Meinung unter Machiavelli'scher Flagge, obgleich keiner von ihnen so beim Machiavelli steht; und will die öffentliche Meinung eine recht gewissenlose, schnöder Selbstsucht fröhnende Politik bezeichnen, so spricht sie mit Gruseln von einer machiavellistischen Politik. Die öffentliche Meinung kann sich für alle diese Weisheit beim alten Fritz bedanken, denn er ist der Vater jener Anschauungen über Machiavelli von freilich höchst zweifelhafter Richtigkeit.

Will man Machiavelli gerecht werden, so muß man das Schlußkapitel des principe zuerst, und zwar recht aufmerksam lesen: es enthält den Schlüssel zum Verständniß des ganzen Buches. Hier richtet Machiavelli an Lorenzo Medici, für welchen allein das Buch geschrieben ist, in feurigen Worten die Aufforderung, Italien von der Fremdherrschaft der Spanier, Franzosen und Deutschen zu befreien und zu einigen. Machiavelli, obwohl selbst eifriger Republikaner, sieht ein, daß die kleinen und verkommenen italiänischen Republiken seiner Zeit für dieses Werk unfähig seien, daß nur die absolute Fürstengewalt die Befreiung und Einigung herbeiführen könne. Unter allen italiänischen Fürsten aber sei Lorenzo Medici der einzig geeignete und die dermalige Zeit auch die richtige, namentlich weil auf dem päpstlichen Stuhle gerade ebenfalls ein Mediceer (Leo X.) sitze. Lorenzo solle zugreifen, der Erfolg könne nicht ausbleiben. Das Buch vom Fürsten will nun praktische Rathschläge geben, wie Eroberungen zu machen und zu behaupten seien, und es ist sehr zu bemerken, daß nicht auf geordnete Verhältnisse, sondern nur auf eine in der Festsetzung begriffene Macht jene Rathschläge Bezug haben. Alle Mittel seien hier gut, welche zum Ziele führten. Mit Bravheit und Tugend komme man in dieser schlechten Welt nicht immer durch, man müsse unter Umständen auch nicht gut sein können. Und nun kommt ein ganzer Katalog von Rathschlägen, theils solcher die sittlich indifferente Handlungen empfehlen, theils solcher die vom Standpunkt der Moral verwerflich sind, alle aber so beschaffen, daß sie von tiefer Menschenkenntniß und vollständigster Beherrschung der Geschichte zeugen. Alle zielen darauf ab, Fürstenmacht zu erwerben und zu behaupten. Diese Lehren sind allesammt nicht neu: Machiavelli abstrahiert sie nicht nur dem Inhalte nach aus den Handlungen der Perser, Macedonier und vor Allem der Römer, sondern, wie leicht nachzuweisen ist, zum großen Theil wörtlich aus Livius, Tacitus, Sueton und anderen Schriftstellern des Alterthums. Machiavelli hat sie nur zuerst so bequem zusammengestellt und in ein

System gebracht. Ganz entgegen der Absicht Machiavelli's hat nun das erst nach seinem Tode veröffentlichte Buch vom Fürsten Jahrhunderte lang als Katechismus der Regierungskunst für große und kleine Tyrannen, für Minister und Diplomaten gegolten. Es wurde, was Machiavelli garnicht in den Sinn gekommen war zu behaupten, ein Dogma, daß Steigerung der Fürstenmacht und Befriedigung des fürstlichen Ehrgeizes einziges und letztes Prinzip aller Staatskunst sei, und daß hiezu alle Mittel gut seien. So misverstanden, hat Machiavelli's Buch höchst schädlich gewirkt und dieser schädliche Einfluß ist der eine Grund, welcher Friedrich bewog, eine Widerlegung des „principe" zu schreiben. Der andere Grund, der ihn die Feder ergreifen ließ, ist der: er fand sich als Fürstensohn in seiner Standesehre beleidigt. Ihn empörte es, daß den Fürsten so unsittliche Handlungen, wie die von Machiavelli für zweckmäßig erachteten, empfohlen würden, daß sie auf diese Weise zu Verbrechern gegen die Menschheit gestempelt werden sollten, daß Alexander VI. und Cesare Borgia, die allerdings mit allen denkbaren Lastern behaftet waren und deren Klugheit im Handeln Machiavelli öfters als Beispiel aufstellt, Fürstenideale sein sollten. Mit einer Heftigkeit, die oft über alles Maß hinausgeht, greift Friedrich nun den Charakter und die Lehren Machiavelli's an, mit glühender Begeisterung preist er gegen Machiavelli's Anempfehlung auch schlechter Handlungen, oder, wie Friedrich meint, Lobpreisung des Lasters, die Uebung der Tugend, die stets auch nutz bringend sei, während das Laster zuletzt doch den Lasterhaften vernichte. Die Staatsmacht, so führt Friedrich aus, dürfe nicht verwendet werden, um den Fürstenehrgeiz zu befriedigen, sondern der Fürst sei umgekehrt der Diener des Staats, der Fürst habe sich diesem (und dies kann Friedrich garnicht oft genug sagen) zu opfern:

713)

nicht Ländererwerb dürfe des Fürsten Bestreben sein, sondern gerechtes Regiment.

Der Antimachiavel hat bei seinem Erscheinen in ganz Europa ungeheures Aufsehen erregt, ist zahllose Male nachgedruckt, in alle Sprachen übersetzt worden. Die Welt war entzückt über diese erhabene Auffassung des Fürstenthums in diesem Zeitalter der Cabinetskriege und schnödester Fürstenselbstsucht. Wir urtheilen heute anders und richtiger über dieses Buch. Die ganze Kritik Friedrich's gegen Machiavelli erscheint uns heute eine verfehlte. Indem Friedrich sich der Absichten und Endziele Machiavelli's garnicht bewußt wird, steht er von vorn herein auf einem ganz falschen Standpunkte. Wo er gegen das Buch im Ganzen sich richtet, wirken seine Declamationen gegen das Laster und für die Tugend auf uns heute ermüdend; in den Einzelheiten aber muß Friedrich eigentlich dem Machiavelli vielfach ganz Recht geben, und wenn er sich immer bemüht, Widersprüche in den Ausführungen Machiavelli's nachzuweisen, so beruhen diese eigentlich nur in seiner Einbildung, die durch den Uebereifer irre geleitet ist. Aber wenn die Kritik auch verfehlt ist, ewigen Ruhmes werth sind doch die positiven Gedanken des Buches, der Gedanke vor Allem, daß Fürstenberuf der schwerste Staatsdienst sei; und diese Gedanken machen dem, der sie zuerst so formuliert hat, um so mehr Ehre, je selbstverständlicher sie uns heute sind.

Stimmt aber die Probe, welche Friedrich in seiner 46jährigen Fürstenlaufbahn gegeben hat, auf das Exempel, wie es im Antimachiavel ausgerechnet ist? Diese Frage ist schon beim Beginn des ersten schlesischen Krieges aufgeworfen und damals oft zum Spott des Rechners verneint worden. Ich stehe keinen Augenblick an, trotz aller Einwendungen die man im Einzelnen machen kann, diese Frage zu bejahen. Friedrich war nicht ohne

Ehrgeiz, nicht unempfänglich für das Streben nach Kriegsruhm, zwei Eigenschaften, die er mit besonderem Nachdruck im Antimachiavel bekämpft. Aber er ist mit diesen Leidenschaften vollkommen fertig geworden in den beiden Jahren des ersten schlesischen Krieges. Ich könnte für die Abgrenzung dieser beiden Perioden seiner inneren Entwickelung unzählige Beweise aus seinen Schriften geben, in welchen, namentlich in den Briefen, Friedrich's Seele klar und offen vor uns liegt. Und ich sage es ferner mit dem vollen Bewußtsein keine Hyperbel auszusprechen: so lange die Erde steht, hat kein Fürst so für seinen Staat gearbeitet, kein Fürst, nicht Ludwig XVI., nicht Karl I. von England, so für seinen Staat gelitten, als Friedrich für Preußen.

Ich muß es unterlassen, eine ganze Reihe von politischen Aufsätzen zu erwähnen, die nach dem Antimachiavel geschrieben sind, und berühre nur noch kurz den Essai sur les formes du gouvernement vom Jahre 1777, einen der letzten auf diesem Gebiete. Der König, nahe schon dem Ziele seiner Laufbahn legt hier dieselbe Hingebung und Aufopferungsfähigkeit für den Staat an den Tag, welche er vierzig Jahre zuvor sich zur Pflicht gemacht hatte, da er zur Uebernahme seines Berufes sich rüstete. Dieselben allgemeinen Gedanken werden hier mit derselben Energie und gleichem Pathos vorgetragen wie in jungen Jahren, nur unterstützt und ausgeführt durch eine Reihe von praktischen Rathschlägen und Erfahrungen, alle aber allein auf den preußischen Staat berechnet. Ueberhaupt enthält die Abhandlung nicht, was man nach der ihr gegebenen Ueberschrift in ihr suchen sollte. Es wird nur von einer Staatsform gesprochen, dem absoluten durch die Gesetze beschränkten Fürstenthume, von der Republik aber garnicht. Der König spricht dagegen in seinen anderen Schriften ziemlich oft von republikanischen Staatsverfassungen und überall mit unverhohlener Vorliebe. (Er hält die republikanische Staatsverfassung für die beste, wenn es sich um eine ideale Betrachtung handelt: sie setze aber Eigenschaften der ihr Unterworfenen und äußere Verhältnisse voraus, die sich nur höchst selten in der Welt finden, und bei dem Mangel dieser Voraussetzungen würden Republiken immer nur ein sehr vergängliches Dasein haben, die monarchische Staatsform aber trotz ihrer geringeren Vollkommenheit dennoch immer die praktisch wichtigere bleiben. Bei solchen Betrachtungen denkt übrigens Friedrich nie an die schweizer Republiken. Von diesen hat er vielmehr die (freilich schon damals nicht sehr zutreffende) Vorstellung als von schönen patriarchalischen Idyllen, die selbst garnicht als Staaten gelten und in Rechnung gebracht werden wollen. Er spricht aber von der Schweizer Eidgenossenschaft, welche, beiläufig bemerkt, bei Friedrich's Taufe auch zu Gevatter gestanden hat, mit vieler Sympathie. In den allgemeinen, die Lage Europa's schildernden Bemerkungen, mit denen die histoire de mon temps eingeleitet wird, sind einige Zeilen den Zuständen der Schweiz gewidmet, in denen letztere als wahrhaft ideale geschildert werden. Nur die Sitte des Reisläufens gefällt dem König nicht, und von ihr bemerkt er, daß sie nur deshalb zu bestehen scheine, um der ewigen Wahrheit Recht zu geben, daß nichts in der Welt vollkommen sei. Auch praktisch hat Friedrich als Fürst von Neuenburg den Eidgenossen allen Grund gegeben, mit ihm als Nachbar zufrieden zu sein.

Die Bedeutung der politischen Schriftstellerei Friedrich's für die Geschichte der Staatslehre ist zuerst und sehr gut von einem Bürger dieser Stadt (Zürich) gewürdigt worden, über den zu spotten bei unseren Aufgeklärtesten in Deutschland und der Schweiz zwar sehr Mode geworden ist, dessen Verdienste um die schweizer und deutsche Rechtswissenschaft und um die praktische Rechtsentwickelung aber ganz gewiß jenen Spott weit überleben werden.

Bluntschli nämlich hat in seiner „Geschichte des allgemeinen Staatsrechts" einen sehr beachtenswerthen Abschnitt über Friedrich's des Großen Bedeutung für die allgemeine Staatslehre. Ich versuche es, jene Bedeutung ganz kurz, im Grundgedanken mit Bluntschli übereinstimmend, anzugeben. Während die Staatsgelehrten des 17. und 18. Jahrhunderts vor Friedrich sich entweder mit lauter Docterfragen über Entstehung, Rechtsgrund und Zweck des Staates oder aber mit den Controversen beschäftigten, welche die Kleiderordnung des heiligen römischen Reiches deutscher Nation in Unmasse darbot, so hat Friedrich die Frage nach Wesen und Bedeutung des Staats, öffentlichen Rechts und politischer Macht zuerst wieder an einer praktischen und entwickelungsfähigen Seite angefaßt, sich nicht mit Qualm, Dunst oder Moder beschäftigt, sondern die Flamme angezündet, welche leuchtet, das Feuer erweckt, welches wärmt. Das 17. und 18. Jahrhundert war erfüllt von der Idee des Patrimonialstaates. Kurz gesagt, bestand diese darin, daß der Staat einfach als Privateigenthum der Fürsten oder berechtigten Corporationen behandelt, alle öffentlichen Rechte aber mit den Privatrechten auf gleiche Stufe gesetzt wurden, die Ausübung der öffentlichen Rechte daher lediglich im Interesse und nach Willkür der Berechtigten erfolgte. Diese Idee war den meisten Fürsten, Ministern und Patriziern im 17. und 18. Jahrhundert ganz geläufig; sie ist bekanntlich noch in diesem Jahrhundert am schulmäßigsten von dem Berner Patrizier Ludwig v. Haller in seinem hier in Winterthur erschienenen Hauptwerk ausgeführt worden. Dieser Idee gegenüber hat Friedrich zuerst den Gedanken formuliert, der freilich schon seit dem großen Kurfürsten brandenburgische Familientradition war, daß jedes öffentliche Recht in erster Linie öffentliche Pflicht sei, daß es bei Uebung desselben auf das Interesse des Berechtigten garnicht ankomme, sondern allein das Interesse des Ganzen maßgebend sei, mit welchem jenes öffentliche Recht in Beziehung stehe, daß demgemäß namentlich in der Monarchie der Fürst nicht der Herr und Eigenthümer des Staates als eines Herrschaftsobjectes sei, sondern der Staat ein bestimmte Zwecke verfolgendes Subject sei, dessen erster Diener umgekehrt der Fürst sei und dem sich der Fürst unbedingt zu opfern habe.

Mit diesem Gedanken hat Friedrich für seine Person bis in die letzten Consequenzen Ernst gemacht. Nicht nur seine Neigungen, Interessen und Kräfte hat er bis zum letzten Athemzuge dem Staate geopfert, sondern auch sein Leben und selbst seine Ehre war er sich bewußt dem Staate schuldig zu sein. Friedrich war bekanntlich während des zweiten schlesischen und siebenjährigen Krieges immer bereit, seinem Leben ein Ende zu machen. Nach seinem Tode fand man in seinem Schreibtisch ein Fläschchen voll zu Asche gewordener Giftpillen vor, und dieses ist es wahrscheinlich, auf welches er wiederholt, namentlich in den in besonders gefährlichen Augenblicken errichteten letzten Willenserklärungen, als auf den letzten von ihm zu ergreifenden Ausweg anspielt. Friedrich hat nie daran gedacht, dies Mittel zur Anwendung zu bringen, um feige von seinem Posten zu desertieren: die Versuchung hiezu wäre ihm im siebenjährigen Kriege unzählig oft gegeben gewesen, da er ein Leben führte, welches er stehend in seinen Briefen als chienne de vie bezeichnet, in einer Zeit, da er bei jeder einlaufenden Todesnachricht eines Freundes wiederholt, jetzt seien nur die Lebenden, nicht aber die Todten zu beklagen. Jenes Gift sollte, wie aus den Aeußerungen des Königs zweifellos hervorgeht, nur dann seine Dienste thun, wenn der König in Gefangenschaft geriethe. Dann hätte sein Leben dem Staate gefährlich werden können, weil sein Leben und seine Freigebung den Friedensschluß hätte beeinträchtigen können, und diese Schädigung des Staates war Friedrich entschlossen durch Selbstmord zu verhüten. Ebenso hat aber auch Friedrich es in seinen Werken wiederholt ausgesprochen, daß, wenn seine persönliche Ehre mit dem Staatswohl in Widerspruch gerathe, er unbedingt die erstere opfern und daher z. B. ein von ihm als Fürsten gegebenes Wort zwar so lange als möglich halten werde, aber dann unbedingt brechen, wenn es die Existenz des Staates erforderte. „In dieser Beziehung stehe ich", so führt er aus, „ganz anders da, wie ein Privatmann, der, weil er nur für sich allein einsteht, als Mann von Ehre sein Wort unbedingt halten soll. Ich als Fürst aber bin nicht um meinetwillen da. Ob ich überhaupt existiere, ist für den Staat ebenso gleichgiltig, wie ob ich als Mann von Ehre existiere; der Staat aber muß existieren, dies ist für mich oberstes Gebot, und deshalb bin ich bei einem Widerstreit zwischen meinem und dem Staatswohl keinen Augenblick in Zweifel." Diese gleiche Aufopferung verlangt Friedrich aber auch von allen Beamten des Staates, und wie sehr der Adel in seinen Augen ein ausgezeichneter und zu Ansprüchen besonders berechtigter Stand, wie sehr ihm das soldatische Handwerk der hervorragendste und verdienstlichste Beruf war, so war den alle diese Sonderrechte und Privilegien doch unbedingt dem Staatswohl untergeordnet, durfte das Staatswohl auf keine Weise unter solchen Sonderinteressen leiden. Der König hat durch dieses Wachen auf strengste Pflichterfüllung mit der Zeit selbst in den höchsten Beamtenkreisen eine sich feindliche Stimmung erzeugt, und Vielen im Staat schien ein Alp von der Brust genommen, als das Adlerauge des Königs sich schloß.

Wie aus den historischen Schriften die Wahrheitsliebe, so tritt namentlich aus den politischen Schriften das energischste Pflichtgefühl als hervorstechender Charakterzug hervor, und um so großartiger erscheint dieses Pflichtgefühl, je wertbloser für

Friedrich schon früh das ganze Leben wurde. Friedrich war ja eine so überaus reich angelegte Natur, hatte für alle geistigen Genüsse, welche dieses Leben zu bieten im Stande ist, so viel Verständniß und verrichtete in seinem Leben ein solches Tagewerk, daß für ihn dieses Leben eine gewisse Befriedigung hätte gewähren können. Aber dennoch: wenn er im Hauptbuche seines Lebens auch alle diese Vortheile auf das Gewinnconto setzte, und andererseits auf das Verlustconto alle die Kämpfe schrieb, in welchen er gegen die Thorheit und Bosheit der Menschen, gegen die Schranken seiner Erkenntniß und seines Geistes, gegen das Menschenloos, immer im Dunkeln tappen zu müssen, gegen die Gebrechlichkeit endlich auch und das beständige Siechthum seines Körpers fortwährend unterlag — dann stellte sich für ihn bei Feststellung des Saldos eine starke Unterbilanz heraus, dann fand er, daß er mit dem ganzen Gewinn seines Lebens doch nicht auf seine Kosten kam, daß, wie er sehr häufig wörtlich sich ausdrückt, „die Summe der Uebel für ihn doch viel größer war als die des Guten". Betrachtungen dieser Art hat der schweigsame und standhafte König im mündlichen Verkehr immer zurückgehalten; in seinen Schriften aber kommt diese Stimmung und das allmähliche Werden derselben sehr oft zum Durchbruch, und deshalb macht das Studium derselben vielfach einen äußerst melancholischen Eindruck. In einer d'Alembert gewidmeten poetischen Epistel vom Oktober 1776, also da der König 64 Jahr alt war, giebt er einmal einen Abriß von seinem inneren Entwickelungsgange. Er gesteht auch hier, wie so oft, zu, daß er von Anfang an ehrgeizig gewesen, nach Kriegsruhm gedürstet und hierin den Reiz des Lebens gesucht und gefunden habe; er führt dann aus, wie er, die Nichtigkeit jener Ziele erkennend, die Kunst zu regieren als sein Hauptstudium verfolgt und gehofft habe, die Widerwärtigkeiten des Schicksals und die Macht der feindlichen

Thatsachen durch seine Thatkraft zu meistern; wie er dann aber die absolute Unzulänglichkeit der menschlichen Natur erkennen und die Vergeblichkeit alles menschlichen Ringens einsehen gelernt habe.

Diese hier kurz angedeutete Entwickelungsgeschichte findet wirklich in den gleichzeitigen schriftlichen Aeußerungen des Königs ihre volle Bestätigung. Mit keckem Muth und kühner Thatenlust hatte er die Zügel der Regierung ergriffen. In seinen ersten Regierungshandlungen zeigt sich das entschiedene Bestreben, mit ihnen Eclat zu machen und brennende Begier, die Lorbeeren des Siegers zu ernten, treibt ihn in den ersten schlesischen Krieg. Hier tritt ihm der Ernst des Lebens entgegen; er kommt, obwohl vom Kriegsglück ausnehmend begünstigt, in Situationen, die er nicht erwartet hatte, und dies übt auf seine Stimmung einen mächtigen Einfluß, der sich in den Briefen an seine Freunde, namentlich in denen an Etienne Jordan, ausspricht. „Ihr werdet mich philosophischer wiederfinden, als ich von Euch gegangen bin", so schreibt er wiederholentlich schon in den Jahren 1741 und 1742. Ein innerlich gereifter und fast fertiger Mann, kehrt er, obwohl erst 30 Jahre alt, heim. Alles ist Nerv in seinem Handeln: sein ganzes Bestreben darauf gerichtet, Reformen in der Verwaltung und Justizpflege einzuführen, Schlesien den Segen der neuen Herrschaft fühlen zu lassen und sich zur Behauptung des neuen Kleinods zu rüsten. Denn daß Maria Theresia den Frieden nur als Waffenstillstand ansah, galt ihm von vorne herein als gewiß. Der Schluß des zweiten schlesischen Krieges fällt zusammen mit dem Verlust seiner besten Freunde: Duhan, Jordan, Keyserling, die besten Gefährten seiner Jugend, sind nicht mehr und haben schmerzliche Lücken in seinem Innern hinterlassen. Wenn auch gerade in dieser Zeit sein Interesse für Oper und Komödie stark ist, sein Briefwechsel aus den Jahren 1746 und 1747 voll ist von Verhandlungen über die Engagements von Komödianten aller Art, so brechen doch schon in diesen rüstigen Mannesjahren sehr elegische Stimmungen durch. Schon aus dem Jahre 1749 stammt eine lange Maupertuis gewidmete Ode „Das Leben ein Traum", die einer sehr trüben Stimmung Raum giebt und die Nichtigkeit alles Irdischen besingt. Indessen dies nur vorübergehend, und muthig geht er in den siebenjährigen Krieg. Von der Schlacht bei Kolin hatte er sich die Hoffnung gemacht: nur diese noch gewonnen, und Oesterreich muß Frieden schließen, der Krieg ist aus. Statt des gehofften Sieges eine schwere Niederlage, die erste verlorene Schlacht in seinem Leben, und gleichzeitig die Nachricht vom Tode der Mutter, die ihn in Thränen zerfließen macht gleich einem kleinen Knaben und seinem zarten Herzen eine lange, lange offene Wunde schlägt. 1758 Hochkirch und der Tod seiner Schwester Wilhelmine, 1759 Kunersdorf, wo keine gnädige Kugel ihn treffen will, er den Staat selbst verloren giebt und er mehrere Tage nachher wie betäubt am Boden liegt. Er rafft sich auf zu neuem furchtbaren Ringen und zu einem Leben der Verzweiflung, von dem nur der sich eine schwache Vorstellung machen kann, der mit dem Herzen die Briefe zu lesen versteht, die aus dieser Zeit an Frau v. Camas, de Catt und den Marquis d'Argens vorhanden sind. Die Bewunderung der Welt für ihn, der sich auf immer mehr verengendem Terrain zu behaupten weiß, wird immer allgemeiner, und dringt auch wohl in schwachen Wellen noch an sein Ohr: sie zwingt ihm nur ein Lächeln, halb der Verachtung, halb der Verzweiflung ab. Wohl erringt er gegen den Feind immer noch Erfolge, aber sie freuen ihn nicht mehr, da die Friedenshoffnung, die er beständig hegt, ihn fortwährend äfft, gleich dem flackernden Irrlicht, das unbarmherzig den todesmüden Wanderer weiter und immer weiter leckt. Die Freunde sind todt, und da ist keine, keine Brust, an welcher das gepreßte Herz sich ausweinen und erleichtern kann. Und dabei ist er gezwungen nach außen hin zuversichtlich und selbst heiter zu erscheinen, um seine immer schlechter werdende Armee mit Vertrauen zu erfüllen. Doch sein Aeußeres verräth, was im Inneren vorgeht. Die Stirn bedeckt sich mit tiefen Furchen, das Haar wird grau, die Zähne fallen aus, so daß selbst seine langjährige trostreiche Freundin, die Flöte, ihm schwierig zu werden beginnt, und der mit 44 Jahren in voller Mannestraft ausgezogen war, kehrt mit 51 Jahren fast als Greis wieder heim. Ja, das war eine Ewigkeit voll Höllenqualen: der Glaube, daß im Himmel noch eine Gerechtigkeit wohne, erlischt immer mehr, lebt nur schwach und vorübergehend bei glücklichen Wendungen, wie namentlich der Thronbesteigung Peter's des Dritten, auf und erstirbt zuletzt bis auf den letzten Funken; das Leben auf Erden aber erscheint ihm unendlich verächtlich. Endlich kommt der Frieden, aber in sein Herz zieht er nicht wieder ein. D'Alembert, der bald nach dem Frieden den König besuchte, erzählt in einem gleichzeitigen Briefe eine gut verbürgte Anekdote, welche auf die Stimmung des Königs das hellste Licht wirft. Am Tage des Friedensschlusses hatte Jemand von der Umgebung den König mit den Worten beglückwünscht: „Dies ist der schönste Tag im Leben Euer Majestät." Die trockene Antwort darauf lautete: „Der schönste Tag im Leben ist derjenige, an welchem man daraus scheidet." Er kehrt zurück in sein Haus: es ist öde und leer, und die Vereinsamung wird ihm immer empfindlicher. Friedrich zieht immer sicherer die Summe seines Lebens, wird immer fester und abgeschlossener in seinen Ansichten und erhebt sich dadurch immer höher in seiner Riesengröße empor: immer kleiner und erbärmlicher aber erscheint ihm die Masse der Menschen, die tief unter ihm wie ein Ameisenhaufen kribbelt. Immer mehr stirbt er der Welt ab und die Sehnsucht nach dem Tode spricht sich in Briefen und Gedichten immer heißer aus. Laut aber wird sie nicht, und sie lähmt auch nicht seinen Geist von unübertroffenem Stoicismus. Das Pflichtgefühl, das allein stark genug war, ihn die Martern des siebenjährigen Krieges überwinden zu lassen, kettet auch die 23 späteren Jahre ihn an das Leben. Es ist nicht zu läugnen: es liegt etwas Schreckhaftes und Grauenvolles in dieser Erscheinung des Königs, der so vereinsamt und hoch erhaben über dem Leben dasteht. Sie hat etwas von dem Alles verschlingenden Leviathan an sich, die Gestalt dieses Königs, der eben so wie sich auch so viel Einzelne so radical für den Staat in Anspruch nimmt. Die Zeitgenossen haben dies empfunden und vielfach wie von einer Last erleichtert aufgeseufzt, als die Nachricht von seinem Tode sich verbreitete.

Das Pflichtgefühl und die Selbstaufopferung für den Staat waren aber deshalb so unerschütterlich in dem König, weil sie tief und fest begründet waren in seinen religiösen Anschauungen, die sich schließlich so gestalteten, daß Pflichterfüllung sein alleiniges Dogma, Staatsdienst seine Religion wurde. Es sind Versuche angestellt worden, aus Friedrich einen gläubigen Christen zu machen. Solche Versuche sind völlig vergeblich. Es ist wahr: Friedrich war „aufgeklärt", aber er war aufgeklärt nicht aus Gedankenlosigkeit, sondern er hat sich seine Aufklärung etwas kosten lassen. Friedrich war vom Vater streng in den Lehren des Christenthums erzogen worden und er hatte in seiner Jugend mit Ernst sie erfaßt. Er mißfiel aber dem Vater dadurch, daß er sich ganz calvinistischen Anschauungen zuneigte; denn die Lehre von der Gnadenwahl war für Friedrich Wilhelm den Ersten ein Gräuel, in ihr sah er den Keim für die sichere Zerstörung aller gesellschaftlichen, staatlichen und überhaupt sittlichen Ordnung. In der Zeit des Zerwürfnisses zwischen Vater und Sohn spielt die Gnadenwahl eine große Rolle und in einem charakteristischen Briefe aus dem Jahre 1731 schreibt der Vater in seiner Weise an den Sohn: „daß ihr möget die verdammten gottlosen prädestinatischen Sentiments aus Eurem Herzen mit Christi Blute abwaschen". Der Kronprinz mußte unter Anderem im Gefängniß einen langen Aufsatz abfassen zur Widerlegung der Prädestinationslehre. Viel half jener Eifer des Vaters freilich nicht: der Sohn blieb auch ferner calvinistischen Anschauungen zugethan. Er stand aber zwischen 1730 und 1738 auf dem Boden des Christenthums und in jenem politischen Aufsatz von 1731 wünscht er den Untergang von Brandenburg, wenn der Staat je gegen die christliche Religion gleichgiltig werden sollte. Religiöse Fragen bewegen ihn Jahre lang beständig; in den Jahren 1734 bis 1736 correspondiert er fleißig mit zwei reformierten Geistlichen in Berlin (französischen Refugiés), Beausobre und Achard, geht zu ihnen in die Kirche und hält mit ihnen religiöse Zwiegespräche. Er verliert aber den Dogmenglauben und schon im Jahre 1736 schreibt er an Achard: „ich habe das Unglück, einen sehr schwachen Glauben zu haben", und noch entschiedener an Beausobre: „man braucht Luther und Calvin nicht, um Gott zu lieben." Noch aber steht er im Glauben an einen persönlichen Gott, und aus den Jahren 1737 und 1738 ist in drei verschiedenen, mühsam überarbeiteten Redactionen eine Ode vorhanden, in welcher die Güte Gottes, seine beständige liebevolle Theilnahme am Geschicke der Menschen dankbar gepriesen, das Fortleben der Seele nach dem Tode fest geglaubt und freudig ihm entgegen gesehen wird. Die Ode ist sehr hübsch und ihr Inhalt lag dem König offenbar sehr am Herzen. In dem Glauben an die Unsterblichkeit namentlich wird er auf rationalistische Weise bestärkt durch Christian Wolff's Metaphysik, mit der er sich Jahre lang abquält. Schon aber hatte Friedrich Voltaire kennen gelernt, und noch einflußreicher fast als der Umgang mit diesem scheint auf die Umwandelung seiner religiösen Anschauungen die Bekanntschaft mit den Gedichten des Lukrez eingewirkt zu haben. Friedrich's Schriften aus den Jahren 1739 bis 1741 sind voll der Anregungen, die er aus Lukrezens Lehrgedicht: „Vom Wesen der Dinge" empfangen hatte. Etwas später ergänzt er die aus Lukrez gezogenen Anschauungen noch durch das Studium der Todtengespräche des Lucian. Friedrich's ohnehin schwacher Glaube an die Lehren des Christenthums ist durch solchen Umgang und solche Studien völlig erschüttert worden und er hat sich seitdem mehr und mehr die Betrachtung der höchsten Dinge nach der epikureischen Weltanschauung angeeignet. Er huldigt noch ferner einem Deismus, er bekämpft noch oft die materialistische Weltanschauung und äußert sich heftig gegen den Spinozismus (den er übrigens kaum richtig verstand): ihm bleibt es unzweifelhaft, daß der Gott, der die Gattung des geistesbegabten Menschen geschaffen habe, selbst geistesbegabt sein müsse. Aber der Gottesbegriff Friedrich's verflüchtigt sich immer mehr; Friedrich verzichtet darauf, irgend etwas von dem Gotte zu prädicieren, weil das Endliche überhaupt nicht im Stande sei, das Unendliche zu begreifen. Dieser Gott, die Vorsehung, sorge wohl für die Erhaltung der Gattung, bekümmere sich dagegen durchaus nicht um das Individuum. Das Individuum aber sei absolut und nach jeder Seite hin endlich: mit seinem physischen Tode sei es mit ihm überhaupt aus, werde es selbst ausgelöscht und nur seine Werke folgen ihm im All nach. Der Einzelne verschwinde im All und sei an sich im Vergleich zu dem All ganz gleichgiltig. Auf seine Erhaltung komme daher rein garnichts an, und er sei unbedingt dem Ganzen zu opfern. Als dieses Ganze gilt für Friedrich die im Staat Form gewinnende menschliche Gesellschaft. Friedrich ist sich wohl bewußt, daß von einem höheren Standpunkte aus auch die Staaten vergänglich sind und so auch deren Existenz schließlich für die Weltentwickelung indifferent wird. Aber er bleibt, was die Pflichten des Individuums angeht, dabei stehen, daß dasselbe als nächstem und engstem Ganzen dem Staate untergeordnet sei und daher für den Staat zunächst existieren müsse.

Diese Anschauungen werden zuerst entwickelt in Oden und poetischen Episteln aus den letzten Vierziger Jahren, namentlich an Maupertuis und Keith; er schließt eine solche Ode mit den Worten, die sein Glaubensbekenntniß enthalten

> Le bien du genre humain, la vertu nous anime,
> l'amour seul du devoir nous a fait fuir le crime:
> oui, finissons sans trouble et mourons sans regrets,
> en laissant l'univers comblé de nos bienfaits.

Bei solchen Anschauungen ist der König geblieben bis an sein Lebensende. Nur im Verlauf des siebenjährigen Krieges hat er einmal eine augenblickliche Anwandlung zur Umkehr, die höchst merkwürdig ist. Die Niederlage bei Hochkirch im Jahre 1758 hatte Friedrich mit einem gewissen Humor der Verzweiflung erfüllt. Da erhält er zwei Tage später die Nachricht vom Tode seiner Schwester Wilhelmine, welche am Schlachttage gestorben war. Dies machte einen furchtbar erschütternden Eindruck auf den König. Er schließt sich mehrere Tage lang vollständig ab und beschäftigt sich mit dem Lesen von ernsten und erbaulichen Schriften, die ihm de Catt besorgen muß: Predigten, Leichenreden, Todesbetrachtungen, namentlich von Bossuet, Flechier und Young. Als diese Stimmung und Zurückgezogenheit länger andauert, fragt der verwunderte de Catt eines Tages den König: „Will Euer Majestät nicht die Predigt besuchen?". Der König erwidert darauf mit Lächeln: „Sie wundern sich über meine Lectüre? Sehen sie zu, was das Ergebniß derselben ist." Und

dabei überreicht er ihm die beiden neuesten Erzeugnisse seiner
Feder: eine „Lobrede auf den weiland sehr ehrenwerthen Schuh=
machermeister Mathieu Reignaud" und eine im Kanzelton ge=
schriebene Predigt über das jüngste Gericht. Jene Lectüre hatte
also sehr bald abkühlend auf Friedrich gewirkt, und in einer sich
über den Bombast der Leichenreden und den Predigerton moqui=
renden, übrigens nicht sehr geistreichen Stylprobe hatte Friedrich
die Gedanken wieder abgeschüttelt, die ihn angekommen waren.
Aus späterer Zeit hat man namentlich eine Abhandlung gegen
die (vielleicht von Holbach) verfaßte) Schrift eines Encyklopädisten
angeführt, um die Orthodoxie des Königs darzuthun. Aber ganz
mit Unrecht. Friedrich widerlegt in jener Abhandlung nur die
unsinnigen Angriffe der Encyklopädisten gegen das Christenthum,
daß dieses die geistige Entwickelung auf Erden gehemmt und die
Welt mit Lastern bedeckt habe. Solchem Gerede gegenüber weist
Friedrich auf die ungeheure ethische Kraft hin, welche in den
Lehren des Christenthums enthalten sei und die eine so mächtige
civilisatorische Wirkung gehabt habe, daß dagegen alle Sünden,
welche ein blinder Glaubenseifer und die Träger der sichtbaren
Kirche begangen hätten, garnicht in Betracht kommen könnten.
Die christlichen Dogmen werden hier in keiner Weise verthei=
digt, dagegen in zahlreichen, namentlich brieflichen Aeußerungen
in einer Art verspottet, die jeden ernsten Menschen, wes Glau=
bens er sei, höchst peinlich berühren muß.

Bei seinen epikureischen Weltanschauungen hat der König
bis an sein Ende verharrt, im Leben und Handeln dabei die
Festigkeit des vollendetsten Stoikers bewährend. Ueber alle
solche Dinge schweigsam, redet er nie vom Tode, denkt und
schreibt aber sehr viel darüber. Während manche von Friedrich's
gleichgesinnten Freunden, wie aus dem Briefwechsel hervorgeht,
schließlich doch die contenance verlieren, sieht er fest und ruhig

dem Tode als oft gerufenem Befreier in das Auge, und selbst die zuletzt furchtbar sich steigernden Qualen der Wassersucht und des Asthmas vermögen kaum ihm einen Klagelaut zu entlocken. Fortwährend ist er als Regent thätig: der 16. August 1786, welchen er theils in Schlaf versunken, theils im Kampf mit dem Tode zubrachte, ist vielleicht der einzige in 46 Jahren, an welchem er keine Regentenhandlungen ausgeübt. Und als endlich zwei Stunden nach Anbruch des 17. August der Schlußmoment eintrat, da erfüllte den König, wie er einmal in einer Ode vorhergesagt, ni espoir ni crainte, da starb er, ohne Furcht — aber auch ohne Hoffnung.

Friedrich hat wahr gemacht, was er am Schluß der angeführten Ode gesagt hatte:

oui, finissons sans trouble et mourons sans regrets.

aber auf sein Sterben trifft ebenso auch zu der letzte Vers:

en laissant l'univers comblé de nos bienfaits

Kein Mensch ja hat so viel Antheil an der Schöpfung des preußischen Staates, dem so Großes für das deutsche Volk zu leisten beschieden gewesen ist, als der König, von dem ich eben gesprochen habe. Das Volk dieses preußischen Staates ist nicht besser, nicht begabter als in irgend einem anderen Theile Deutschlands: es weiß dies und giebt sich nicht den Grübeleien hin, durch welche „Stammeseigenthümlichkeiten" es vielleicht vor anderen Theilen des deutschen Volkes ausgezeichnet sein könnte. Aber zwei Eigenschaften finden sich bei ihm häufiger, die ihm durch seine Geschichte anerzogen sind und, je mehr es auch wächst und fort dauernd anerzogen werden: Eigenschaften, um die man vielfach es kaum zu beneiden für nöthig halten, und von denen namentlich eine an diesem Orte (Zürich) zu preisen vielleicht sogar sehr sonderbar erscheinen mag. Ich meine: ein lebendiges Staatsgefühl und, um einen Ausdruck Carlyle's zu gebrauchen, schweigender Gehorsam. Ein lebendiges Staatsgefühl, das heißt das Bewußtsein, daß dieser preußische Staat, wie sehr man ihn vielleicht auch in manchen Beziehungen anders haben möchte und seiner Mängel und Härten sich bewußt ist, doch die starke Form ist, welche den Inhalt des in ihm wohnenden Volkes vor jeder Gefahr zu schützen und seine allseitige Entwickelung zu ermöglichen im Stande ist, und dazu die herzliche Freude an der Kraft dieses Staates. Schweigender Gehorsam, das heißt die treue Manneszucht, die den Einzelnen als gefügiges Glied willig in das große Ganze sich einordnen, ihn mit Aufopferung seiner Persönlichkeit, seiner Ansichten selbst und vielleicht gut und fest begründeter Ueberzeugungen seine Pflicht in der Weise erfüllen heißt, wie sie durch den das Ganze leitenden Geist vorgezeichnet ist. Friedrich der Große vor Allen hat den Staat geschaffen, der dieses Staatsgefühl zu erwecken im Stande ist, für den es lohnt sich aufzuopfern. Er und sein Vater haben, in opferbereiter Pflichterfüllung gegen den Staat vorantleuchtend, ihr Volk zu jener treuen Manneszucht, zu jenem schweigenden Gehorsam erzogen. Dies sind die Eigenschaften, die sich bisher noch in allen Krisen, in welche der Staat je gerathen ist, bewährt haben, die Jena überlebt haben und auch in Zukunft sich zu bewähren haben werden. Denn noch ist die Aufgabe, welche dem preußischen Staate gestellt ist, nicht vollendet, aber der stätige Gang der Geschichte seit den Tagen des großen Kurfürsten spricht zu deutlich, als daß man über die Durchführung heute noch besorgt sein könnte. Möge alsdann, wenn die Aufgabe des preußischen Staates nach Außen gelöst ist, der preußische Staat deutscher Nation der Schweizer Eidgenossenschaft ein guter und freundlich gesinnter Nachbar sein!

Anmerkungen.

1) Der gegenwärtige Vortrag ist aus eingehender Beschäftigung mit den Werken Friedrich's des Großen hervorgegangen. Zu einzelnen Gedanken und Betrachtungen ist der Verfasser durch Carlyle und die treffende Charakteristik des Königs von Gustav Freytag („Bilder aus der deutschen Vergangenheit) angeregt worden.

2) Bei dem Lesen von Friedrich's Briefwechsel kann man sich übrigens der Wahrnehmung nicht verschließen, daß der König mit der Wahl seiner Freunde nicht sehr glücklich war. Die Meisten, namentlich die französischen und italiänischen, taugen nicht viel. Der Marquis d'Argens insbesondere macht nach seinen Briefen den Eindruck eines alten liederlichen Sünders von reduciertem Körper, mäßigem Witz, vielem Leichtsinn und Frivolität und sehr vielem Geldbedürfniß. Doch weiß er unter Umständen, so in den Tagen von Kunersdorf (Oeuvres XIX. 79—81), hübsche und trostreiche Briefe zu schreiben.

3) Vergl. auch den Aufsatz von Karl Twesten über Machiavelli in der gegenwärtigen Sammlung (Heft 49). In einem Hauptpunkte stimme ich mit Twesten in der Beurtheilung Machiavelli's überein.

In der E. G. Lüderitz'schen Verlagsbuchhandlung, A. Charisius, in Berlin erschien:

Friedrich und Napoleon. Versuch einer historischen Parallele zur Feier des 31. Mai 1840. (Von **M. von Minutoli.**) Mit dem Bildniß Friedrich's des Großen. 1840. 88 Seiten. gr. 8°. 15 Sgr.

Die Principien der Politik.
Von Dr. Franz von Holtzendorff,
Professor der Rechte an der Universität zu Berlin.

1869. XVI u. 360 Seiten eleg. gr. 8. Preis 1 Thlr. 18 Sgr.

Inhalt: **Erstes Buch.** Das Wesen der Politik. S. 1—80.
Zweites Buch. Das rechtliche und sittliche Princip der Politik. S. 81—182.
Drittes Buch. Der Staatszweck als Princip der Politik. S. 183—320.
Anmerkungen und Nachweisungen. S. 321—360.

Heinrich von Kleist, Politische Schriften und andere Nachträge zu seinen Werken. Mit einer Einleitung zum ersten Mal herausgegeben von **Rud. Köpke.** 1862. XIII und 168 S. gr. 8°. 1 Thlr.

Ueber den Organismus und den Entwicklungsgang der **politischen Idee** im Alterthum oder die alte Geschichte vom Standpunkte der Philosophie. Von Prof. Dr. **Ferd. Müller.** 1839. XVI und 375 S. gr. 8°. Herabges. Preis 20 Sgr.

J. C. **Bluntschli,** Die Bedeutung und die Fortschritte des modernen **Völkerrechts.** 1866. 10 Sgr.

—— **Die nationale Staatenbildung** und der moderne deutsche Staat. 1870. 7½ Sgr.

C. **Twesten, Machiavelli.** 1868. 6 Sgr.

Wilh. **Oncken, Aristoteles** und seine Lehre vom Staat. 1870. 6 Sgr.

Th. **Bernhardt, Lord Palmerston.** 1870. 6 Sgr.